HERMANN LUEER

GRUNDPRINZIPIEN KOMMUNISTISCHER PRODUKTION UND VERTEILUNG

Hermann Lueer,
Grundprinzipien kommunistischer
Produktion und Verteilung

4. Auflage 2020
Red & Black Books
Bordesholmer Straße 22
22143 Hamburg
herluee@yahoo.com

Umschlag: Niki Bong
mail@bongolai.de
ISBN 978-3-9822065-3-0

»Die Durchführung der sozialen Revolution ist im Wesen nichts anderes als die Durchführung der Arbeitsstunde als Maßstab im gesamten Wirtschaftsleben. Sie dient als Maß in der Produktion und zugleich wird mit ihr das Recht der Produzenten auf gesellschaftliches Produkt gemessen. Das Wesentliche hierbei aber ist, dass diese Kategorie von den Produzenten und Konsumenten selbst durchgeführt wird.«[1]

[1] Gruppe Internationaler Kommunisten, Grundprinzipien kommunistischer Produktion und Verteilung, Red & Black Books 2020, S. 65

Vorwort

»Was sind die praktischen und ökonomischen Grundlagen einer Gesellschaft ohne Lohnsystem? Was ist zu tun am Tage nach der Revolution? Ohne diese praktischen Realitäten bleibt alle Propaganda negativ und bleiben alle Ideale Utopien. Wer den Kapitalismus und den Staatskapitalismus nicht will, muss gegenüber diesen Realitäten im gesellschaftlichen Leben andere stellen und andere ökonomische Organisationen.«[2]

Marx und Engels haben mit der Erklärung der Gesetzmäßigkeiten der kapitalistischen Produktion die Kritik am Kapitalismus auf eine wissenschaftliche Grundlage gestellt. Statt dem Elend der Bevölkerung, das die kapitalistischen Verhältnisse begleitet, lediglich die Utopie einer besseren Welt entgegenzustellen, ging es ihnen darum, zu erklären, welche Zwecke das kapitalistische Produktionsverhältnis bestimmen bzw. was Begriff und Gesetzmäßigkeiten seiner ökonomischen Formen Ware, Geld und Kapital sind. Mit ihrer Erklärung der kapitalistischen Zusammenhänge legten sie die Gründe für das den Kapitalismus begleitende

---

2 Arthur Müller-Lehning, Anarcho-Syndikalismus S. 10f, zitiert nach Grundprinzipien kommunistischer Produktion und Verteilung, Kollektivarbeit der Gruppe Internationaler Kommunisten (Holland), 1930, Rüdiger Blankertz Verlag 1970 S. 30f

Elend offen und lieferten damit zugleich die Kritik im Sinne einer Alternative. Obwohl Marx und Engels keine ausgearbeitete Konzeption für den Aufbau einer kommunistischen Gesellschaft hinterlassen haben, verweisen die Ableitungen aus ihrer Kritik, wie auch die wenigen Bemerkungen, die sie selbst diesbezüglich im Rahmen ihrer Analyse des Kapitalismus gegeben haben, auf ein grundlegend verändertes Produktionsverhältnis. Was, wie und für wen produziert wird, entscheidet sich nach der sozialen Revolution weder über persönliche Abhängigkeitsverhältnisse noch über Sachzwänge einer Warengesellschaft, die sich hinter dem Rücken der gegeneinander konkurrierenden Gesellschaftsmitglieder entwickeln. Die Aufteilung der Arbeit auf die verschiedenen Produktionszweige und Tätigkeiten sowie die Verteilung der produzierten Konsumgüter fällt stattdessen den Gesellschaftsmitgliedern selbst zu: dem »Verein freier Menschen, … die mit gemeinschaftlichen Produktionsmitteln arbeiten und ihre vielen individuellen Arbeitskräfte selbstbewusst als eine gesellschaftliche Arbeitskraft verausgaben.«[3]

Um aber ihre individuellen Arbeiten in gesellschaftlicher Arbeitsteilung jenseits von Märkten selbstbewusst und ohne eine ihnen übergeordnete Instanz leiten und verwalten zu können, bedarf es einer ökonomischen Grundlage. Diese ökonomische Grundlage ist die Berechnung der

---

[3] Karl Marx, Das Kapital, Bd. 1, S. 92

Zeit, die nötig ist, um die verschiedenen Produkte und Dienstleistungen den Gesellschaftsmitgliedern zur Verfügung zu stellen. Die gesellschaftlich durchschnittliche Arbeitszeit, die in der Konkurrenz der Warenproduktion hinter dem Rücken der Menschen als Sachzwang herrscht, wird nun zum bewusst angewandten Maßstab im Rahmen der gemeinschaftlichen Planung der gesellschaftlichen Arbeitsteilung. Die individuelle Arbeit der Gesellschaftsmitglieder ist hier nicht mehr Privatarbeit, die sich auf Waren- und Arbeitsmärkten erst dahingehend bewähren muss, inwieweit diese Privatarbeit wirklich als Bestandteil der gesellschaftlichen Gesamtarbeit anerkannt wird, sondern ist bereits unmittelbar Bestandteil der gesellschaftlichen Gesamtarbeit, da sie als individuelle Arbeit bereits im Rahmen der gemeinschaftlichen Planung geleistet wird. Im Verein freier Menschen, in dem die individuellen Arbeitskräfte mit vergesellschafteten Produktionsmitteln nur als Organe der gemeinsamen Arbeitskraft wirken, ist die durch die Zeitdauer gemessene Verausgabung der individuellen Arbeitskräfte zugleich die gesellschaftliche Bestimmung ihrer Arbeiten. Dementsprechend ist das individuelle Arbeitsprodukt auch kein Privateigentum mehr, sondern Produkt der Gesellschaft, das nicht als Ware zwischen verschiedenen Eigentümern verkauft wird, sondern innerhalb der Gemeinschaft der Produzenten zur Verfügung steht. Die Aufteilung der Gesamtarbeit auf die verschiedenen Produktionszweige und Tätigkeiten, sowie die Verteilung der produzierten Konsumgüter geschieht nicht mehr monetär, über die Konkurrenz um das Geld, sondern unmittelbar mit Hilfe der Arbeitszeitrechnung. Die Grundkategorie für die Wirtschaftsrechnung und zugleich der Modus der Verteilung in der kommunistischen Gesellschaft sind damit benannt: »Die Arbeitszeit würde also eine doppelte Rolle spielen. Ihre gesellschaftlich planmäßige Verteilung regelt die richtige Proportion der verschiedenen Arbeitsfunktionen zu den verschiedenen Bedürfnissen. Andererseits dient die Arbeitszeit zugleich als Maß des individuellen Anteils des Produzenten an der Gemeinarbeit und daher auch an dem individuellen verzehrbaren Teil des Gemeinproduktes. Die gesellschaftlichen Beziehungen der Menschen zu ihren Arbeiten und ihren Arbeitsprodukten bleiben hier durchsichtig einfach in der Produktion sowohl als in der Verteilung.«[4]

So beliebt das in diesem Zusammenhang von Marx und Engels geprägte Bild des Vereins freier Menschen bei den Bolschewiki und ihren Nachfolgern war, so wenig wurde es in seinem ökonomischen Inhalt ernstgenommen. Nicht die Produzenten sollten auf der Grundlage der Arbeitszeitrechnung die Organisation der Produktion übernehmen, sondern die politischen Führer, und die Masse hat dem nur zuzustimmen, was sie in ihrer Weisheit beschließen. Es ist ohne weiteres klar, dass diese Überzeugung – es bräuchte nur eine neue Führung, um Produktion und Verteilung

---

[4] Karl Marx, Das Kapital, Bd. 1, S. 93

nach kommunistischen Grundsätzen entsprechend der Bedürfnisse der Bevölkerung zu organisieren – eine ziemlich wunderliche Vorstellung des »Vereins freier Menschen« ist. Der Aufbau der kommunistischen Gesellschaft ist keine Frage der richtigen Führung, sondern der ökonomischen Grundlage, die es den Gesellschaftsmitgliedern ermöglicht, ihre Produktion und Verteilung selbständig zu leiten und zu verwalten. Es geht um die Frage, wie das arbeitsteilige Verhältnis zwischen den Produzenten und ihrem gesellschaftlichen Produkt geregelt wird. Es muss die ökonomische Basis gelegt werden, worauf die Produzenten, die ja zugleich die Konsumenten sind, selbst das Gebäude der Produktion zum Zwecke ihrer Bedürfnisbefriedigung aufbauen können. Dieses Bauen ist ein Prozess von unten auf und nicht von oben herab. Es muss aus der aktiven Teilnahme der Gesellschaftsmitglieder hervorgehen und unter ihrer unmittelbaren Beeinflussung und Kontrolle stehen. Es muss das Werk freier Menschen sein, und nicht einer kleinen, führenden Minderheit im Namen der Gesellschaft. (15)

Die Beschäftigung mit den Grundprinzipien einer kommunistischen Wirtschafts- und Gesellschaftsordnung ist von den Nachfolgern von Marx und Engels mit einem strengen Verbot belegt worden, das jeder achten musste, der sich nicht dem Verdacht der Unwissenschaftlichkeit aussetzen wollte. Man durfte den Kommunismus preisen, man durfte jedoch über ihn nicht nachdenken. So wurde diese Fragestellung ein Kräutchen Rührmichnichtan und ist es zum Teil noch, obwohl die russische Revolution vorgeführt hat, dass sie gelöst werden muss. (26) Es ist daher an der Zeit, dass sich die, die den Kapitalismus überwinden wollen, Klarheit verschaffen über die Grundprinzipien einer kommunistischen Gesellschaftsordnung, die sie an die Stelle des Kapitalismus setzen wollen. (133)

Das vorliegende Buch ist eine Hommage an die Kollektivarbeit der Gruppe Internationaler Kommunisten (Holland). Angesichts der sich abzeichnenden Erfahrungen mit dem Staatskommunismus in Russland waren ihre 1930 erschienenen »Grundprinzipien kommunistischer Produktion und Verteilung« der Versuch, die bereits von Marx und Engels skizzierte ökonomische Grundlage einer kommunistischen Gesellschaft wissenschaftlich auszuarbeiten. Zwar haben ihre Ausführungen nichts von ihrer ursprünglichen Aktualität verloren, in der wissenschaftlichen Auseinandersetzung mit der damaligen Literatur ist ihr Text jedoch ein Kind seiner Zeit geblieben. Mit der vorliegenden Schrift wird daher versucht, in freier Form die Kernaussagen der »Grundprinzipien kommunistischer Produktion und Verteilung« in die aktuelle Debatte um die Frage nach der Alternative zum Kapitalismus einzubringen. Als Referenz zu den umfangreichen, zum Teil miteinander verwobenen direkten und indirekten Zitaten aus dem Originaltext dienen die in Klammern dem Text beigefügten Seitenverweise.

Drei falsche Gründe für den Kapitalismus

Die elenden Begleiterscheinungen des Kapitalismus sind allen bekannt. In Anbetracht der vermeintlich guten Gründe für den Kapitalismus werden sie von der Mehrheit der Bevölkerung in Kauf genommen. Die Stichworte sind hier:

- »Die unsichtbare Hand der Marktwirtschaft«, über die die vielen Einzelpläne der Anbieter und Nachfrager vorteilhaft aufeinander abgestimmt werden
- die Errungenschaften des technischen Fortschritts, die dazu geführt haben, dass es trotz aller Schattenseiten des Kapitalismus heute nahezu allen besser geht als vor zweihundert Jahren
- die Alternativlosigkeit des kapitalistischen Wirtschaftssystems, die angesichts des Scheiterns des Realsozialismus keines weiteren Argumentes mehr bedarf.

Die unsichtbare Hand der Marktwirtschaft

Im Kapitalismus zählen nur die zahlungsfähigen Bedürfnisse und die Höhe der Zahlungsfähigkeit ist Resultat der Ausbeutung. Was der Kapitalismus nicht kennt, die Bedürfnisse der Arbeiter, wird für den Kommunismus Richtlinie der Produktion. (78)

Für die Befürworter des Kapitalismus ist die Marktwirtschaft der Garant für wirtschaftlichen Erfolg und soziale Stabilität. Begründet wird diese Behauptung folgendermaßen: »Wenn Unternehmen und Haushalte ihre Wirtschaftspläne aufstellen, orientieren sie sich an ihrem Eigeninteresse. Das heißt, dass Unternehmen Gewinne erzielen und Verbraucher ihre Bedürfnisse befriedigen wollen. Diese Pläne versuchen sie auf den Märkten durchzusetzen. Dazu müssen die Anbieter (z. B. von Konsumgütern oder von Arbeitskraft) mit den Nachfragern Geschäfte abschließen. Durch den Wettbewerb der Anbieter um die Nachfrager wird dabei jeder zu einem Leistungsangebot veranlasst, das den Wünschen der Nachfrager entspricht. Das Nachfrager Interesse wird sogar umso besser verwirklicht, je konsequenter die Anbieter ihre Eigeninteressen verfolgen, je schärfer also der Wettbewerb um die Geschäftsabschlüsse ist. Wie mit einer „unsichtbaren Hand" bewirkt der Wettbewerb, dass das Eigeninteresse letztlich dem Gesamtwohl im Sinne einer günstigen Verbraucherversorgung dient. Weil die vielen Einzelpläne durch den Wettbewerb vorteilhaft aufeinander abgestimmt werden, spricht man auch von der Selbststeuerung der Marktwirtschaft.«[5]

Die behauptete Selbststeuerung der Marktwirtschaft ist selbst unter ihren Befürwortern nicht unumstritten. Der Streit zwischen den Anhängern freier Marktkräfte und ihren mehr staatliche Regulierung fordernden Kritikern löst sich allerdings bei näherer Betrachtung als unsinnige Kontroverse auf, da er auf beiden Seiten einen entscheidenden Sachverhalt ignoriert: die Tatsache, dass in der Marktwirtschaft auf der Nachfrageseite Bedürfnisse nur zählen, wenn über das dafür nötige Geld verfügt wird. Dieser Sachverhalt zeigt, dass – egal ob mit mehr oder weniger Regulierung – es auf den Märkten nicht um die unterstellte Koordination von Produktion und Konsumtion im Sinne einer gemeinschaftlichen Bedürfnisbefriedigung geht. Die Nachfrage ist nicht identisch mit den Bedürfnissen der Gesellschaftsmitglieder, sondern ist zunächst nichts anderes als die *zahlungsfähige* Nachfrage. Wer, aus welchen Gründen

---

[5] Konrad-Adenauer-Stiftung, Soziale Marktwirtschaft. Garant für wirtschaftlichen Erfolg und soziale Stabilität, Lexikon Soziale Marktwirtschaft - Wirtschaftspolitik von A-Z, 12. Juni 2013, http://www.kas.de/wf/de/71.10163/

auch immer, nicht bezahlen kann, dessen Bedürfnisse zählen in einer warenproduzierenden Gesellschaft nicht. Das *Angebot* orientiert sich dementsprechend auch nicht an der zur Bedürfnisbefriedigung der Gesellschaftsmitglieder erforderlichen Quantität und Qualität von Gütern und Diensten. Was an nützlichen Dingen hergestellt wird, für wen, wo und wie produziert wird, entscheidet, bereits angefangen bei Forschung und Entwicklung, das Kriterium der Verkaufbarkeit auf dem Markt. Allem zur Schau gestellten Reichtum zum Trotz wird in der Marktwirtschaft daher nicht an den *Bedürfnissen* der Gesellschaftsmitglieder gemessen, was, wie viel und wie produziert wird, sondern die Verfügung über Geld ist das Maß dafür, wieweit die Bedürfnisse befriedigt werden, und die Möglichkeit, lohnende Geschäfte zu machen, ist das Maß dafür, was, für wen bzw. ob überhaupt produziert wird. Im Wechselspiel von Angebot und Nachfrage akzeptieren die Nachfrager so ihren Ausschluss von Dingen, die sie nicht bezahlen können und richten ihre Bedürfnisse entsprechend an ihren Geldbeuteln aus, während die Anbieter die unterschiedliche Zahlungsfähigkeit im Sinne ihrer lohnenden Geschäfte mit Waren aller Art bedienen; billigen und teuren, gesunden und ungesunden.

Der Wettbewerb auf den freien Märkten ist daher nur das Mittel für die Minderheit derer, die aus welchen Gründen auch immer über ausreichende Zahlungsfähigkeit verfügen. Die mehrheitlich Besitzlosen bekommen stattdessen die Wirkung von Angebot und Nachfrage in ganz anderer Form zu spüren. Da sie aufgrund der Privatisierung der Produktionsmittel gezwungen sind, ihre eigene Arbeitskraft auf dem Arbeitsmarkt anzubieten, werden sie über die Konkurrenz der Arbeitssuchenden zu einem Leistungsangebot veranlasst, das weitgehend den Wünschen der Nachfrager entspricht. Und da die erfolgreiche Globalisierung des Kapitalismus sowie die rasant voranschreitende Automatisierungstechnik es mit sich bringen, dass das Angebot an Arbeitskräften im Verhältnis zur Nachfrage ausreichend zur Verfügung steht, wird das Interesse der Nachfrager auf den Arbeitsmärkten sogar umso besser verwirklicht. Je schärfer die Anbieter im Selbstverkauf gegeneinander konkurrieren, desto stärker kommen hierüber ihre Löhne unter Druck. Entsprechend sieht der "Wohlstand für alle" dann aus, den die Befürworter des Kapitalismus preisen: Während auf der einen Seite das gesellschaftliche Arbeitsvermögen für das exzentrischste Einzelbedürfnis bereitgestellt wird, wenn Individuen aus welchem Grund auch immer über die entsprechende Zahlungsfähigkeit verfügen, wird auf der anderen Seite gesellschaftliche Arbeit in minderwertige Gebrauchsgegenstände investiert, um sich die geringe Zahlungsfähigkeit des Großteils der Bevölkerung zunutze zu machen.

Durch den Wettbewerb der Anbieter um die Nachfrager werden die Gesellschaftsmitglieder zugleich zu beeindruckender Effizienz gezwungen, worüber die Marktwirtschaft für viele im Licht der einzig vernünftigen Wirtschaftsform erstrahlt, der gegenüber trotz ihrer bekannten Schattenseiten alle anderen Wirtschaftsformen als *unwirtschaftlich* gelten. Ähnlich dem Lob des freien Spiels von Angebot und Nachfrage beruht allerdings auch das Lob der Effizienz auf einer entscheidenden Verwechselung.

Die Vorstellung marktwirtschaftlicher Effizienz lässt den Eindruck entstehen, dass es darum ginge, den Arbeitsaufwand, der mit der Bereitstellung einer bestimmten Versorgungsleistung verbunden ist, möglichst zu reduzieren bzw. bei einem gegebenen Arbeitsaufwand eine möglichst umfassende Versorgung bereitzustellen. Mit anderen Worten, marktwirtschaftliche Effizienz würde bedeuten, die Gesellschaftsmitglieder bekämen den gleichen Reichtum mit weniger Arbeit, also mehr Freizeit, oder der ihnen zur Verfügung stehende Reichtum stiege bei gleichem Arbeitsaufwand. Das Lob der marktwirtschaftlichen Effizienz unterstellt damit, die besondere Leistung der Marktwirtschaft bestünde in der Optimierung des Verhältnisses von Aufwand und Ertrag für alle Gesellschaftsmitglieder. Aber genau hier liegt wiederum die entscheidende Verwechselung. Für die Mehrheit der Gesellschaftsmitglieder, die über keine eigenen Produktionsmittel verfügt und deshalb ihre eigene Arbeitskraft für ihren Lebensunterhalt verkaufen muss, bedeutet Effizienz schließlich, dass sie selbst als Variable in eine fremde Kosten-Nutzen-Kalkulation eingeht.

Ihr Lohn ebenso wie ihre Arbeitsbedingungen werden in dieser Kalkulation zu *Kosten*-Faktoren und ihre Arbeitszeit und -intensität zu Faktoren der *Ertragss*teigerung. Mit dem Verkauf ihrer Arbeitskraft haben sie die Bestimmung über die Gestaltung des Verhältnisses von Aufwand zu Ertrag ihrer Arbeit sowie das Recht auf die Ausnutzung ihrer Arbeitsleistung dem Käufer übertragen. Die Reduzierung ihres Anteils am gesellschaftlichen Produkt sowie die Verlängerung ihrer Arbeitszeit bzw. Intensivierung ihrer Arbeitsmühen werden in diesem privatwirtschaftlichen Produktionsverhältnis zum Mittel der privaten Bereicherung des Käufers der Arbeitskraft. Effizienz im Sinne der Optimierung des Verhältnisses von Aufwand zu Ertrag bezieht sich somit in der Marktwirtschaft nicht auf den Zweck der Bedürfnisbefriedigung für die Bevölkerung, sondern auf die private Reichtumsvermehrung der Minderheit, die über die privatisierten Produktionsmittel verfügt. Die Lebensbedingungen der Mehrheit der Gesellschaftsmitglieder sind in dieser Wirtschaftsordnung nur Mittel zum Zweck privater Geldvermehrung.

Die Errungenschaften des technischen Fortschritts

»Da die Maschinerie an sich betrachtet die Arbeitszeit verkürzt, während sie kapitalistisch angewandt den Arbeitstag verlängert, an sich die Arbeit erleichtert, kapitalistisch angewandt ihre Intensität steigert, an sich ein Sieg des Menschen über die Naturkraft ist, kapitalistisch angewandt den Menschen durch die Naturkraft unterjocht, an sich den Reichtum des Produzenten vermehrt, kapitalistisch angewandt ihn verarmt, erklärt der bürgerliche Ökonom einfach, das Ansichbetrachten der Maschinerie beweise haarscharf, dass alle jene handgreiflichen Widersprüche bloßer Schein der gemeinen Wirklichkeit, aber an sich, also auch in der Theorie gar nicht vorhanden sind.«[6]

Die Befürworter des Kapitalismus preisen die Errungenschaften des technischen Fortschritts als seine exklusive Leistung: »In den vergangenen zweihundert Jahren hat die Menschheit mehr Wohlstand geschaffen als in den 100.000

[6] Karl Marx, Das Kapital Bd. 1, MEW 23, S. 465

Jahren zuvor. Die kapitalistische Wirtschaftsordnung führte über die Industrialisierung aus dem ewigen Mangel der feudalen Agrargesellschaften. Die durchschnittlichen Pro-Kopf-Einkommen stiegen im Zuge der Entwicklung von der industriellen zur digitalen Revolution ebenso wie die durchschnittliche Lebenserwartung dank modernster Medizintechnik auf immer neue Höchststände. Elend ist zwar der Begleiter des Fortschritts und Ungleichheit gehört zum Kapitalismus, aber auf lange Sicht hat der Kapitalismus allen mehr Wohlstand gebracht. Nichts hat die Welt in den vergangenen zwei Jahrhunderten so verändert wie der Siegeszug des Kapitalismus. Heute sind die Ärmsten in den Industrienationen wesentlich reicher als die Armen vor zweihundert Jahren. Aus dem Wohlstand für wenige wurde im Laufe der Jahrzehnte Wohlstand für die meisten.«[7]

Der technische Fortschritt an sich betrachtet gilt bei Befürwortern der Marktwirtschaft als unmittelbares Verdienst der kapitalistischen Wirtschaftsordnung. Es wird behauptet, es gäbe ohne den in Konkurrenz gegeneinander ausgetragenen Zweck der privaten Bereicherung keinen vergleichbaren technischen Fortschritt, keine Produktivitätssteigerung und damit keinen wachsenden Wohlstand für alle. Mit diesem selbstbewussten Lob der Marktwirtschaft wird der Eindruck vermittelt, als ob eine planmäßige

[7] Frei nach: Arne Daniels, Stefan Schmitz, Die Geschichte des Capitalismus. Vom Webstuhl zum World Wide Web, Stern Buch, Wilhelm Heyne Verlag 2006

Produktion mit dem Zweck der Versorgung der Menschen keine denkbare Alternative zum Privateigentum an Produktionsmitteln und dem dazugehörigen Zweck der Geldvermehrung wäre. Marktwirtschaft wird unter diesem Dogma zum Synonym für Wirtschaft und technischen Fortschritt. Da mögen die Schattenseiten, die mit dem Kapitalismus verbunden sind, noch so groß sein. In Anbetracht des technischen Fortschritts werden sie von der Mehrheit der Bevölkerung in Kauf genommen.

Entgegen dieser weit verbreiteten Auffassung ist der Kapitalismus in Wirklichkeit jedoch nicht der *Grund* für den technischen Fortschritt, der über die vergangenen zweihundert Jahre die Welt verändert hat. Der Grund ist der menschliche Verstand und die gesellschaftliche Arbeitsteilung. Das kapitalistische Produktionsverhältnis ist lediglich die *Form*, in der technischer Fortschritt zum Zwecke der privaten Bereicherung der Produktionsmittelbesitzer vorangetrieben wurde. Ein Produktionsverhältnis, in dem Rücksicht auf den Arbeiter und die Natur nur im Rahmen der privaten Vorteilsrechnung der Produktionsmittelbesitzer genommen wird, in dem technischer Fortschritt nur dort zustande kommt, wo er sich zur privaten Bereicherung lohnt, in dem das Elend Begleiter des Fortschritts ist und sich die Opfer über Generationen »gelohnt haben« und »lohnen werden«, in dem also die Opfer der Mehrheit der Bevölkerung über Generationen zum Vorteil *aller* verklärt werden.

Die Alternativlosigkeit

»Sozialismus ist Aufhebung der Rationalität der Wirtschaft.«[8]

Gegenüber der Behauptung der Befürworter des Kapitalismus, es gäbe keine Alternative zum Kapitalismus, bricht bei den Kapitalismuskritikern gewöhnlich kein schallendes Gelächter aus, sondern leichte Verunsicherung. Neben dem schlichten Verweis auf das Scheitern des »Realsozialismus« ist das Hauptargument der bürgerlichen Ökonomie immerhin folgendes: Mit einer weitgehenden Regulierung oder gar vollkommenen Abschaffung freier Märkte verliert die Wirtschaft den im Geld zum Ausdruck kommenden Wertmaßstab, ohne den rationelles Wirtschaften nicht möglich sei.

»Der menschliche Geist kann sich in der verwirrenden Fülle der Zwischenprodukte und der Produktionsmöglichkeiten nicht zurecht finden, wenn ihm diese Stütze fehlt. Er stünde allen Verfahrens- und Standortsfragen ratlos gegenüber. Es ist eine Illusion, wenn man glaubt, man könnte die Geldrechnung in der sozialistischen Wirtschaft durch

---

[8] Ludwig von Mises, Die Gemeinwirtschaft. Untersuchungen über den Sozialismus, Jena Verlag von Gustav Fischer
1922, S. 109

die Naturalrechnung ersetzen.«[9] »Man stelle sich einmal einen ganz einfachen Fall vor. Bei einem Eisenbahnbau sind mehrere Linienführungen denkbar. Zwischen A und B liegt z.B. ein Berg. Man kann die Bahn über den Berg fahren, man kann sie um den Berg herumführen und man kann sie in einem Tunnel durch den Berg durchführen. In der kapitalistischen Gesellschaftsordnung ist es ein Leichtes, zu berechnen, welche Linie am rentabelsten ist. Man ermittelt die Baukosten, die jede der drei Linien erfordern würde, und die Differenz der Betriebskosten, die der Verkehr auf jeder von ihr erfordern wird. Aus diesen Größen ist dann unschwer festzustellen, welche Strecke die rentabelste sein wird. Für die sozialistische Gesellschaftsordnung wären solche Rechnungen nicht durchführbar. Denn sie hätte keine Möglichkeit, die verschiedenartigen Qualitäten und Mengen von Gütern und von Arbeit, die hier in Betracht kommen, auf ein einheitliches Maß zu reduzieren. Vor den gewöhnlichen und alltäglichen Problemen, die die Wirtschaftsführung bietet, würde die sozialistische Gesellschaftsordnung ratlos dastehen, da sie keine Möglichkeit hätte, rechnerische Kalkulation vorzunehmen. … Die Leitung einer sozialistischen Gesellschaft wäre also vor eine Aufgabe gestellt, die sie unmöglich lösen könnte. Sie wäre nicht imstande, zu entscheiden, welche von den unzähligen

[9] Ludwig von Mises, Die Gemeinwirtschaft. Untersuchungen über den Sozialismus, Jena Verlag von Gustav Fischer
1922, S. 105

möglichen Verfahrensweisen die rationellste ist. So würde die sozialistische Wirtschaft zu einem Chaos werden.«[10]

Und so wurde die sozialistische Wirtschaft in Russland tatsächlich zu einem Chaos, nachdem im Anschluss an den Bürgerkrieg die Bolschewiki den Versuch unternahmen, einen Übergang von der Kriegswirtschaft zu einer sozialistischen Naturalwirtschaft zu organisieren. Angesichts ihrer hierbei erlittenen schweren ökonomischen Niederlage war die »Neue Ökonomische Politik« daraufhin ein Zugeständnis gegenüber der kapitalistischen Rechnungsführung, verbunden mit der Illusion, den Wertmaßstab nun bewusst nach sozialistischen Prinzipien im »langwierigen und komplizierten Übergang von der kapitalistischen Gesellschaft« nutzen zu können.[11]

Der über die Preisbildung auf freien Märkten bestimmte Tauschwert sollte unter der »Neuen Ökonomischen Politik« nicht mehr abgeschafft, sondern ohne die ihn bestimmende Konkurrenz freier Märkte nach sozialistischen Kriterien reguliert werden. Dieser Versuch – den Wert ohne seine ihn bestimmenden Konkurrenzverhältnisse bewusst anwenden zu wollen, – lief allerdings darauf hinaus, mit der

---

[10] Ludwig von Mises, Liberalismus, 1927, Kapitel II (4) Die Undurchführbarkeit des Sozialismus

[11] W. I. Lenin, Die Neue Ökonomische Politik und die Aufgaben der Ausschüsse für politisch-kulturelle Aufklärung, 17.10.1921, in Werke Bd. 33, S.43

Ermittlung des »objektiv richtigen« Preises eine nichtexistente Größe ermitteln zu wollen. Widersprüche in der sozialistischen Wirtschaftsrechnung waren dementsprechend im Realsozialismus vorprogrammiert. Der Versuch, jenseits freier Märkte das Wertgesetz über Preis- und Gewinnhebel »bewusst anzuwenden«, führte regelmäßig zu Versorgungsstörungen, denen gegenüber in den Flügelkämpfen zwischen Marktsozialisten und Befürwortern staatlicher Planwirtschaft um Antworten gerungen wurde. Mit dem Sieg der Marktsozialisten endete schließlich der Realsozialismus und die Anhänger des Kapitalismus feierten die kapitalistische Globalisierung.[12]

Ist der Kapitalismus, in dem der Reichtum einer kleinen Minderheit auf der Armut der Mehrheit der Bevölkerung beruht, also tatsächlich alternativlos? Scheitert der Sozialismus daran, dass ihm mit der Abschaffung der freien Märkte der Geldausdruck des Werts als notwendiges Maß für die rationelle Wirtschaftsführung fehlt? Für die Lächerlichkeit dieser Behauptung sind die wenigen skizzenhaften Überlegungen von Marx und Engels Hinweis genug:

[12] Ausführlicher im Abschnitt: Das Elend des Realen Sozialismus sowie in: Michael Buestrich, Die Verabschiebung eines Systems. Funktionsweise, Krise und Reform der Wirtschaft im Realen Sozialismus, Waxmann Verlag 1995 sowie Hermann Lueer, Kapitalismuskritik und die Frage nach der Alternative, 2015

»Die Warenproduktion ist keineswegs die ausschließliche Form der gesellschaftlichen Produktion … Sobald die Gesellschaft sich in den Besitz der Produktionsmittel setzt und sie in unmittelbarer Vergesellschaftung zur Produktion verwendet, wird die Arbeit eines jeden, wie verschieden auch ihr spezifisch nützlicher Charakter sei, von vornherein und direkt gesellschaftliche Arbeit. Die in einem Produkt steckende Menge gesellschaftlicher Arbeit braucht dann nicht erst auf einem Umweg festgestellt zu werden; die tägliche Erfahrung zeigt direkt an, wieviel davon im Durchschnitt nötig ist. Die Gesellschaft kann einfach berechnen, wieviel Arbeitsstunden in einer Dampfmaschine, einem Hektoliter Weizen der letzten Ernte usw. stecken. Es kann ihr also nicht einfallen, die in den Produkten niedergelegten Arbeitsquanten noch in einem nur relativen, schwankenden, unzulänglichen, dritten Produkt auszudrücken und nicht ihrem natürlichen, angemessenen absoluten Maß der Zeit … Die Nutzeffekte der verschiedenen Gebrauchsgegenstände, abgewogen untereinander und gegenüber den zu ihrer Herstellung nötigen Arbeitsmengen, werden den Plan schließlich bestimmen. Die Leute machen alles sehr einfach ab, ohne Dazwischenkunft des vielberühmten „Werts“.«[13]

Der Maßstab der Arbeitszeit, über den sich der durchschnittliche gesellschaftliche Aufwand in der Produktion

[13] Friedrich Engels, Anti-Dühring, MEW 20, S. 287f

vom Rohstoff über Zwischenprodukte bis zum Endprodukt kalkulieren lässt, kann ebenso gut bezogen auf die Distribution genutzt werden.

»Der einzelne Produzent … erhält von der Gesellschaft einen Schein, dass er soundso viel Arbeit geliefert hat (nach Abzug seiner Arbeit für gemeinschaftliche Fonds), und zieht mit diesem Schein aus dem gesellschaftlichen Vorrat von Konsumtionsmitteln so viel heraus, als gleich viel Arbeit kostet. Dasselbe Quantum Arbeit, das er der Gesellschaft in irgendeiner Form gegeben hat, erhält er in einer anderen zurück. Es herrscht hier dasselbe Prinzip, das den Warenaustausch regelt, soweit er Austausch Gleichwertiger ist. Inhalt und Form sind verändert, weil unter den veränderten Umständen niemand etwas geben kann außer seiner Arbeit und weil andererseits nichts in das Eigentum der einzelnen übergehen kann außer individuellen Konsumtionsmitteln.«[14]

[14] Karl Marx, Kritik des Gothaer Programms, MEW 19, S.20

Die soziale Revolution

Die soziale Revolution ist keine hohle Phrase, sondern zielt auf ein von Ausbeutung befreites Produktionsverhältnis, das sich durch das unmittelbare Verhältnis zwischen Produzent und gesellschaftlichem Produkt auszeichnet. Die Durchsetzung der individuellen Arbeitszeit als Maß für den Anteil am Produkt der gesellschaftlich notwendigen Arbeitszeit ist die Aufhebung der Ausbeutung und zugleich die ökonomische Grundlage für die Verwirklichung der Vereinigung freier und gleicher Menschen nach dem Grundsatz des Kommunismus: »Jeder nach seinen Fähigkeiten, jedem nach seinen Bedürfnissen!«

Die Vergesellschaftung der Produktionsmittel

»Reicher Mann und armer Mann standen da und sahn sich an. Und der Arme sagte bleich: wär ich nicht arm, wärst du nicht reich.«[15]

Wenn auch Ausbeutung in der Geschichte der Menschheit in unterschiedlichen Formen auftrat, so bestand sie in ihrem Kern immer in der Aneignung fremder Arbeit. Andere Menschen für sich arbeiten zu lassen, war seit je her der Schlüssel zu einem individuellen Reichtum, der allein mit Hilfe der eigenen Arbeitskraft nie in dem Umfang hätte realisiert werden können. Von den Pyramiden im frühen Ägypten über die Schlösser im Feudalismus bis zur Parallelgesellschaft der Oberschicht im globalisierten Kapitalismus des 21. Jahrhunderts zeugen die individuellen Reichtümer von der Aneignung fremder Arbeit und damit davon, dass die Armut der Mehrheit die Grundlage für die Reichtümer einer Minderheit ist.

[15] Bertolt Brecht, aus »Alfabet«, 1934

»Das Kapital hat die Mehrarbeit nicht erfunden. Überall, wo ein Teil der Gesellschaft das Monopol der Produktionsmittel besitzt, muss der Arbeiter, frei oder unfrei, der zu seiner Selbsterhaltung notwendigen Arbeitszeit überschüssige Arbeitszeit zusetzen, um die Lebensmittel für den Eigner der Produktionsmittel zu produzieren ... Nur die Form, worin diese Mehrarbeit dem unmittelbaren Produzenten, dem Arbeiter, abgepresst wird, unterscheidet die ökonomischen Gesellschaftsformationen, z. B. die Gesellschaft der Sklaverei von der der Lohnarbeit.«[16] Während die zur Aneignung fremder Arbeit erforderliche Gewalt in der Sklavenhaltergesellschaft wie im Feudalismus für jeden offen sichtbar ist, wird dieses Gewaltverhältnis im Kapitalismus über das Lohnsystem verschleiert. »Auf der Oberfläche der bürgerlichen Gesellschaft erscheint der Lohn des Arbeiters als Preis der Arbeit, ein bestimmtes Quantum Geld, das für eine bestimmte *Menge* Arbeit gezahlt wird ... Die Form des Arbeitslohns löscht also jede Spur der Teilung des Arbeitstags in notwendige Arbeit und Mehrarbeit, in bezahlte und unbezahlte Arbeit aus. Alle Arbeit erscheint als bezahlte Arbeit.« Was dem Geldbesitzer auf dem Warenmarkt direkt gegenübertritt, ist jedoch »nicht die Arbeit, sondern der Arbeiter. Was letzterer verkauft, ist seine Arbeitskraft. Sobald seine Arbeit wirklich beginnt, hat sie bereits aufgehört, ihm zu gehören, kann

[16] Karl Marx, Das Kapital Bd. I, MEW 23, S. 249/S. 231

also nicht mehr von ihm verkauft werden.«[17] Der Wert der Arbeitskraft und ihre Verwertung im Arbeitsprozess sind daher zwei verschiedene Größen. Diese Wertdifferenz hat der Kapitalist im Auge, wenn er die Arbeitskraft kauft. Der Privateigentümer der Produktionsmittel nutzt die Differenz zwischen dem Lohn, den er den um die Arbeitsplätze konkurrierenden Arbeitern zahlen muss, und dem durch die Anwendung der fremden Arbeitskraft erzeugten Produkten, die er zu ihrem Wert verkaufen kann. »Der ganze Unterschied gegen die alte, offenherzige Sklaverei ist nur der, dass der heutige Arbeiter frei zu sein scheint, weil er nicht auf einmal verkauft wird, sondern stückweise, pro Tag, pro Woche, pro Jahr, und weil nicht ein Eigentümer ihn dem andern verkauft, sondern er sich selbst auf diese Weise verkaufen muss, da er ja nicht der Sklave eines einzelnen, sondern der ganzen besitzenden Klasse ist. Für ihn bleibt die Sache im Grunde dieselbe, und wenn dieser Schein der Freiheit ihm auch einerseits einige wirkliche Freiheit geben muss, so hat er auf der andern Seite auch den Nachteil, dass ihm kein Mensch seinen Unterhalt garantiert, dass er von seinem Herrn, der Bourgeoisie, jeden Augenblick zurückgestoßen und dem Hungertode überlassen werden kann, wenn die Bourgeoisie kein Interesse mehr an seiner Beschäftigung, an seiner Existenz hat.«[18]

---

[17] Karl Marx, Das Kapital Bd. I, MEW 23, S. 557/S. 562/S. 559

[18] Friedrich Engels, Lage der arbeitenden Klasse in England MEW 2, S. 310

Auch im Kapitalismus ist Ausbeutung somit in ihren Ursachen einfach und für jedermann zu begreifen: sie ist eingeschlossen in der Tatsache, dass der Arbeiter von den Produktionsmitteln getrennt ist. Der Kapitalist ist Besitzer der Produktionsmittel – der Arbeiter besitzt nur seine Arbeitskraft; der Kapitalist besitzt die Bedingungen, unter denen der Arbeiter arbeiten muss. Mit dem Verfügungsrecht über die Produktionsmittel hat die besitzende Klasse zugleich die Verfügung über die Arbeitskraft; das heißt, sie herrscht über die Arbeiterklasse. Die Tatsache, dass die Arbeiterklasse von den Produktionsmitteln getrennt ist, schließt ein, dass sie nicht über das gefertigte Produkt verfügt. Die Arbeiter haben mit den durch sie hergestellten Gütern nichts zu tun, sie gehören nicht ihnen, sondern ihrem «Brotherrn». Was damit weiter geschieht, ist nicht ihre Sache; sie haben nur ihre Arbeitskraft zu verkaufen und empfangen dafür ihren Lohn. Die Lohnarbeit ist somit der Ausdruck der Tatsache, dass die Arbeit von den Arbeitsprodukten geschieden ist, dass die Arbeiter weder über das Produkt, noch über den Produktionsapparat etwas zu sagen haben. Die Lohnarbeit ist das untrügliche Kennzeichen der Unfreiheit der Arbeiterklasse, von ihrer Beherrschung durch diejenigen, die über den gesellschaftlichen Produktionsapparat und das gesellschaftliche Produkt verfügen. (153f)

Alle Ausbeutungsverhältnisse sind gekennzeichnet durch den Ausschluss des Arbeiters vom Produkt. So einfach die

Grundlage der Ausbeutung ist, so einfach ist auch die Formulierung von der Aufhebung der Ausbeutung. Sie kann nur geschehen, wenn die Trennung zwischen Arbeit und Arbeitsprodukt aufgehoben wird, wenn das Verfügungsrecht über das Arbeitsprodukt und darum auch über die Produktionsmittel wieder den Arbeitern zukommt. Dies kann natürlich nicht mehr in der Weise geschehen, wie früher die Bauern die Verfügung über ihr Werkzeug und ihre Arbeitsprodukte hatten. Die heutige Gesellschaft kennt keine individuelle, auf sich allein gestellte Arbeit mehr; sie ist übergegangen zur gesellschaftlichen Produktion, zum vergesellschafteten Arbeitsprozess, wo jeder nur ein Rädchen im großen Ganzen ist. Darum müssen die Arbeiter die Produktionsmittel gemeinschaftlich besitzen. Gemeinschaftlicher Besitz aber, der nicht zugleich das Verfügungsrecht darüber in sich schließt, ist nicht hinreichend zur Überwindung der Ausbeutung. Der Gemeinschaftsbesitz ist kein Zweck an sich, sondern nur das Mittel, um das Verfügungsrecht über die Produktionsmittel für die Arbeiter möglich zu machen, um die Trennung von Arbeit und Arbeitsprodukt aufzuheben, um die Lohnarbeit abschaffen zu können. (155)

In der Verwechslung von Ziel und Mittel lag und liegt die schwache Stelle der Arbeiterbewegung. Man setzt sich zum Ziel, die Produktionsmittel in Gemeinschaftsbesitz zu bringen, und ahnt nicht, dass dies für die Überwindung der Ausbeutung nicht ausreichend ist; man vermutet nicht, dass mit dem Übergang zum Gemeinschaftsbesitz das Problem einer neuen Produktionsweise erst gestellt ist. Die Arbeiterklasse lebte fälschlich in dem Vertrauen, dass der Kommunismus »von selbst« kommen muss, wenn der Privatbesitz an Produktionsmitteln aufgehoben ist. Aber die Voraussetzung, dass damit die Lohnarbeit notwendig verschwinden muss, ist falsch. Die richtige Zielsetzung kann nur sein, dass die Arbeiter das Verfügungsrecht über die Produktionsmittel und damit über das Arbeitsprodukt erobern, und dadurch in der Tat die Lohnarbeit abschaffen. (156)

Die Durchsetzung der individuellen Arbeitszeit als Maßstab für den Anteil am Produkt der gesellschaftlich notwendigen Arbeit bedeutet die Aufhebung der Ausbeutung und damit zugleich die Vergesellschaftung der Produktionsmittel. Sobald der Ertrag der Arbeit dem Produzenten zusteht, entfällt das Mehrprodukt, dass sich der Produktionsmittelbesitzer aneignet und mit dem Entfall des Mehrprodukts erlischt das Interesse am Produktionsmittelbesitz als Mittel privater Bereicherung. Die Produktionsmittel gehen in die gemeinschaftlich ausgeübte Verfügung durch die freien Produzenten über. Das ist die Grundlage der kommunistischen Gesellschaft. (156)

Der Verein freier Menschen

Die soziale Revolution legt das neue Verhältnis zwischen Arbeit und Arbeitsprodukt fest, indem sie dem Arbeiter so viel Anrecht auf gesellschaftliches Produkt gibt, wie mit seiner Arbeitszeit übereinstimmt, und sie führt als das Mittel dazu die Arbeitszeitrechnung allgemein durch. (88)

Im Zusammenhang mit der Überwindung der Ausbeutung wurde im vorangegangenen Abschnitt gezeigt, dass das eigentliche Problem des Kommunismus in dem Aufheben der Trennung von Arbeit und Arbeitsprodukt liegt. Nicht der eine oder andere »Obere Volkswirtschaftsrat«, sondern die Produzenten müssen selber die Verfügung über das gesellschaftliche Arbeitsprodukt haben. Nur dadurch werden sie zu freien Produzenten. (173) Die Revolution darf nicht bei der Vergesellschaftung der Produktionsmittel stehen bleiben. Sie muss das Verhältnis zwischen der individuellen Arbeit und dem gesellschaftlichen Produkt bestimmen. Sie muss die Vereinigung freier und gleicher Menschen auf eine materielle Grundlage stellen. Die Gesellschaftsmitglieder müssen hierzu ihre individuelle Arbeitszeit als Maßstab für ihren Anteil am Produkt der gesellschaftlich notwendigen Arbeit durchsetzen. Nur dann hängen Produktion und Verteilung nicht an normativen Maßstäben irgendwelcher Verwaltungskommissionen, sondern sind gefestigt in ökonomischen Realitäten. Ohne diese materielle Grundlage bliebe die »freie Vereinbarung« eine hohle Phrase. (32)

Es geht hier somit darum, welchen Platz sich die Produzenten in der Gesellschaft erobern; ob mit der arbeitsteiligen Arbeit zugleich das anteilige Verfügungsrecht über die gesellschaftliche Produktion verbunden ist, oder ob sie erneut für unmündig erklärt, und neue »Eliten« mit dem Verfügungsrecht betraut werden sollen. Wenn das Verhältnis zwischen individueller Arbeit und gesellschaftlichem Produkt nicht unmittelbar geregelt ist, muss von übergeordneter Stelle ein bestimmter Teil des gesellschaftlichen Produktes den Gesellschaftsmitgliedern zugewiesen werden, und diese müssen voll Vertrauen abwarten, was sie bekommen. So vollzieht sich, was im Realsozialismus vorgeführt wurde. Die Gesellschaftsmitglieder können versuchen, bessere Führer einzusetzen, wodurch die Möglichkeit der Ausbeutung jedoch nicht aufgehoben wird. Zur systematischen Aufhebung der Ausbeutung bleibt kein anderer Weg, als die ganze Produktion so aufzubauen, dass das Verhältnis von individueller Arbeitszeit zur gesellschaftlich notwendigen Arbeitszeit zur Grundlage des gesellschaftlichen Produktionsprozesses wird. Der Anteil des einzelnen am gesellschaftlichen Produkt ist darüber bestimmt. Die

Arbeitszeit dient als Maß für den individuell zu konsumierenden Teil des gesellschaftlichen Produktes. Die Entscheidungen zu Produktion und Verteilung werden nicht mehr vom Interesse an der Ausbeutung fremder Arbeit geleitet, sondern folgen dem gemeinschaftlichen Zweck der Organisation der Produktion zur Bedürfnisbefriedigung aller. (23)

Der Verein freier Menschen kann dementsprechend nicht frei über die Produktionsmittel verfügen, so wie es die Fabrikbesitzer im Kapitalismus tun. Ist die Verfügung frei, dann kann von einer gemeinschaftlichen Verfügung keine Rede sein. Die erste Bedingung, um eine gemeinschaftliche Verfügung über den Produktionsapparat möglich zu machen, ist daher, dass die Produktion sich nach allgemein geltenden Regeln vollzieht; Regeln, auf denen alle gesellschaftliche Arbeit ruhen muss. Dann erst ist ein gemeinschaftliches Beschließen und Handeln möglich. Die freien Produzenten müssen darum gleiche Produktionsbedingungen für alle Produzenten schaffen. Die »Gleichheit« ist hier kein ethischer Begriff, sondern ein ökonomischer: Sie will nichts anderes zum Ausdruck bringen, als dass die Produktion in allen Betriebsorganisationen nach denselben Regeln verläuft, um eine gemeinschaftliche Verfügung über den Produktionsapparat möglich zu machen. (156f) »Gleiche ökonomische Regeln« bedeutet die Durchführung eines allgemein geltenden festen Maßes, wonach alle

Berechnungen in Produktion und Verteilung vorgenommen werden. (173)

Soll die individuelle Arbeitszeit der Maßstab für das individuell zu konsumierende Produkt sein, dann muss an allen Produkten und Dienstleistungen ausgedrückt sein, wie viel gesellschaftlich durchschnittliche Arbeitszeit vom Rohstoff bis zum Endprodukt enthalten ist. Auf dieser Grundlage, auf der das Verhältnis von Arbeitsaufwand zu Ertrag für alle Gesellschaftsmitglieder offenliegt, ist eine Produktionsplanung möglich, bei der die Menschen selbst entscheiden, was sie gemäß ihrer individuellen Abwägung von Aufwand und Ertrag haben möchten. Das heißt, es kann jeder selbst über seine Arbeitszeit und seinen Konsum bestimmen. Die individuellen Bedürfnisse werden gegenüber ihrem gesellschaftlichen Aufwand abgewogen und entsprechend über den Konsumwunsch und die Arbeitsbereitschaft in den gesellschaftlichen Planungsprozess eingebracht. Die Arbeitszertifikate sind inhaltlich nichts anderes, als der Abgleich der in der gemeinsamen Planung vorweggenommenen Arbeitseinteilung. Über die Arbeitszeitrechnung löst sich die Verteilungsfrage somit in Produktionsplanung auf. Planung des gesellschaftlichen Reproduktionszusammenhanges bedeutet schließlich nichts anderes, als die zur Bedürfnisbefriedigung erforderliche gesellschaftliche Arbeitszeit mit der Summe der zur Verfügung stehenden individuellen Arbeit zu verbinden.

Auf dieser Grundlage sind die einzelnen genossenschaftlichen Arbeitsorganisationen bezogen auf die Bedürfnisse der Gesellschaftsmitglieder in der Lage, sich im Rahmen ihrer Zulieferbeziehungen horizontal und vertikal zu einem planmäßigen Ganzen zu vernetzen und den Produktions- und Reproduktionsprozess rationell zu gestalten. Um die Produktionsplanung weitgehend dezentral zwischen Betrieben, Lieferanten und Konsumenten durchführen zu können, muss allerdings die Arbeit, die den verschiedenen Zweigen der Produktion zugeführt werden soll, zuvor als gesellschaftliche Arbeit registriert werden. Praktisch bedeutet das: Die Ausgabe von Arbeitszertifikaten unterstellt, dass bestimmt wird, was gesellschaftlich anerkannte Produkte und Dienstleistungen sind, und der »Preis« im Sinne der gesellschaftlich durchschnittlichen Arbeitszeit muss zusammen mit den gesellschaftlichen Planungsorganisationen im Rahmen einer öffentlichen Buchhaltung periodisch festgelegt werden. Hierüber stellt die Gesellschaft den Zusammenhang her zwischen dem Umfang der gesellschaftlichen Arbeitszeit, verwandt auf die Produktion bestimmter Artikel, und dem Umfang der durch diese Artikel zu befriedigenden gesellschaftlichen Bedürfnisse. Ausgehend von den individuellen Bestellungen sowie den Erfahrungen der Betriebe, wie viele ihrer Produkte abgenommen werden, kann das ganze Wirtschaftsleben im Wechselspiel zwischen dezentraler und zentraler Planung arbeitsteilig geregelt und zum Zwecke der Bedürfnisbefriedigung aller Gesellschaftsmitglieder gestaltet werden. (22f) Auf der Grundlage der Arbeitszeitrechnung lässt sich somit sagen: »Die Gesellschaft, die die Produktion auf der Grundlage freier und gleicher Assoziation der Produzenten neu organisiert, versetzt die ganze Staatsmaschine dahin, wohin sie dann gehören wird, ins Museum der Altertümer, neben dem Spinnrad und die bronzene Axt … An die Stelle der Regierung über Personen tritt die Verwaltung von Sachen und die Leitung von Produktionsprozessen. Der Staat wird nicht abgeschafft, er stirbt ab.«[19]

In der kommunistischen »Vereinigung freier und gleicher Menschen« ist die Grundlage für die planmäßige Organisation der Produktion, ebenso wie in der Marktwirtschaft, eine Abwägung zwischen Aufwand und Ertrag.[20] Die gesellschaftlich durchschnittliche Arbeitszeit vom

[19] F. Engels, Der Ursprung der Familie, des Privateigentums und des Staates, MEW 21, S. 168 sowie F. Engels, Die Entwicklung des Sozialismus von der Utopie zur Wissenschaft, MEW 19, S. 224

[20] Der Einwand, die Arbeitszeiten ließen sich nicht oder wenn dann nur mit einem irrwitzigem Aufwand den Millionen von Produkten und Dienstleistungen zurechnen, wird durch die kapitalistische Kostenträgerrechnung widerlegt. Die Ermittlung der produktbezogenen Herstellungskosten als Summe direkter und indirekter Material- und Fertigungskosten ist hier mit Verfahren der Gemeinkostenzurechnung sowie der Erfassung und Verrechnung von anteiligen Abschreibungen tägliche Praxis.

Rohstoff über die Zwischenprodukte bis zum jeweiligen Endprodukt entspricht dem »Preis«, auf dessen Grundlage die Betriebs- und Konsumtionsmittel verrechnet werden. Im Unterschied zum Kapitalismus steht und fällt im kooperativen Produktionszusammenhang jedoch die ökonomische Existenz einzelner Betriebe nicht damit, ob ihr eigener betrieblicher Aufwand im Vergleich zum gesellschaftlichen Durchschnitt auf dem Markt zu Gewinn oder Verlust führt. Zwar existiert der Unterschied zwischen gesellschaftlich durchschnittlicher und betrieblicher Arbeitszeit auch im kooperativen Produktionszusammenhang. Je nach der besseren oder schlechteren Beschaffenheit der sachlichen Produktionsmittel bzw. der Qualität ihrer Arbeit produzieren auch hier die einzelnen Betriebe mit einem in der Kette der Arbeitszeiten unterschiedlichen Aufwand. Der Gegensatz von betrieblicher und gesellschaftlich durchschnittlicher Arbeitszeit findet jedoch jenseits von Markt und Geld seine Aufhebung im kooperativen Produktionszusammenhang, indem die Verluste und Überschüsse innerhalb der Branche einander ausgleichen. (49f) Die Konkurrenz zwischen den Betrieben ist aufgehoben. Ihre Reproduktion wird über den geplanten kooperativen Zusammenhang geregelt und nicht über die Verfügung über Geld. Die Verrechnung der gegenseitigen Lieferungen und Leistungen in Höhe des durchschnittlichen gesellschaftlichen Aufwands pro Stück ist hier kein Transfer von Geld, dessen Besitz wiederum die Voraussetzung für den Bezug der notwendigen Reproduktionsmittel ist. In der Kooperation ist die gegenseitige Leistungsverrechnung in Form von Defizit oder Überschuss allein eine Information im Rahmen der offenen gesellschaftlichen Buchführung. Die unterschiedliche Produktivität der einzelnen Betriebe – die im Rahmen der Buchführung aller Betriebe zeigt, inwieweit der einzelne Betrieb von der gesellschaftlichen Durchschnittszeit abweicht – dient im kooperativen Produktionszusammenhang allein als Hinweis auf eventuell mögliche Effizienzsteigerungen im Rahmen der gemeinsamen Produktion. Die Optimierung der Produktion ist angesichts der unterschiedlichen Produktivität eine bewusste Angelegenheit zwischen den betriebsübergreifenden Planungs- und Steuerungsorganisationen und den einzelnen Betrieben.

Auch wenn die Wirtschaftsrechnung auf Basis der Arbeitszeitrechnung oberflächlich betrachtet Ähnlichkeiten zur Marktwirtschaft zeigt, ist der entscheidende Unterschied, dass hier nicht hinter dem Rücken der Produzenten durch den Zwang der ökonomischen Verhältnisse entschieden wird. Ihre gemeinsame gesellschaftliche Tätigkeit wird nicht zu einer Bewegung von Sachen (Ware und Geld), unter deren Kontrolle sie stehen. Die »Vereinigung freier Menschen« entscheidet vielmehr bewusst miteinander, was, wie und wo sie gemeinsam produzieren wollen und damit auch, was sie für Schlüsse aus unterschiedlicher Produktivität ziehen wollen. Die für alle Gesellschaftsmitglieder erkennbaren Potenziale für Prozessoptimierungen – sei es über den Fortschritt der Technik oder Verbesserungen der Arbeitsorganisation – zeigen dem Verbund selbstbestimmter Menschen die Möglichkeiten, wie über die Steigerung der Produktivität bei unveränderter Arbeitszeit mehr Produkt bzw. bei gleichem Konsumtionsniveau mehr Freizeit für alle zu gewinnen wäre. In der Marktwirtschaft entscheidet der Besitz besserer Produktionsmittel oder Fähigkeiten über Armut und Reichtum. Im »Verein freier Menschen« bilden die in Kooperation miteinander planmäßig angewandten Produktionsmittel dagegen die gemeinsame Grundlage, auf der das Resultat jeder Veränderung der Produktivität allen Gesellschaftsmitgliedern gleichermaßen zufällt.

Dass die Produktivität unter diesen kooperativen Produktionsverhältnissen im Vergleich zur kapitalistischen Konkurrenz sinkt, wird hierbei bewusst in Kauf genommen. In der Kooperation gehen die Menschen schließlich nicht mehr als Variable in eine fremde Kosten-Nutzen-Kalkulation ein, in der die Reduzierung ihres Anteils am gesellschaftlichen Produkt sowie die Verlängerung ihrer Arbeitszeit bzw. Intensivierung ihrer Arbeitsmühen das Kosten-Nutzen-Verhältnis für den Käufer ihrer Arbeitskraft verbessert. Die Armut und Erpressbarkeit der von den Produktionsmitteln getrennten Gesellschaftsmitglieder ist hier kein Mittel mehr, um die Produktivität der Arbeit gegen die Interessen und die Gesundheit der Produzenten zum Zwecke der privaten Bereicherung der Produktionsmittelbesitzer voranzutreiben. Die Produzenten entscheiden selbst über ihre Arbeitsverhältnisse und damit über den Ertrag ihrer Arbeit.

Was über den fehlenden Stachel der Konkurrenz an Produktivität verloren geht, gewinnt die planmäßige Kooperation auf der anderen Seite über den Entfall diverser Funktionen und Tätigkeiten, die für den Kapitalismus notwendig, aber für den Kommunismus überflüssig sind: Exemplarisch lassen sich hier folgende Bereiche nennen: Die im Kapitalismus selbstverständliche, in einem kooperativen Produktionsverhältnis dagegen absurde Kategorie des geistigen Eigentums, über die statt Wissensaustausch der Ausschluss von vorhandenen Kenntnissen gefördert wird. Die in Konkurrenz um Marktanteile gegeneinander aufgebauten »Doppelfunktionen« und Überkapazitäten, die im Zuge der zyklischen kapitalistischen Krisen immer wieder vernichtet werden. Der enorme Aufwand an Werbung sowie die umfangreichen Verkaufsorganisationen, deren Leistung niemand mit nützlicher Information verwechselt. Die »Dienstleistungen« von Banken, Börsen, Versicherungen, Anwaltskanzleien, Finanz-, Justiz- und Sozialbehörden, die nur im Rahmen der marktwirtschaftlichen Konkurrenz um das Geld nützlich sind. Die ressourcenintensive Globalisierung der Produktionsprozesse, die es in dem heutigen Umfang nur gibt, weil es auf der Grundlage privatisierter Produktionsmittel profitabel ist, über aufwendige Transportlogistik verschiedene Teilkomponenten eines Produkts in sogenannten »Billiglohnländern« montieren zu lassen und die verkaufsfähige Ware in zahlungsfähigeren Teilen der Welt zu verkaufen. Weniger offensichtlich als die kapitalistische »Verschwendung« von Ressourcen sind zudem die vielen marktwirtschaftlich unausgeschöpften Potenzen der Produktivkraftanwendung. Diverse in den letzten Jahrzehnten entwickelte »Alternativkonzepte« im Bereich der Energieerzeugung, der Landwirtschaft, der Stadt- und Verkehrsplanung etc. werden nicht genutzt, weil sie sich *am Maßstab privater Geldvermehrung* nie in breitem Maßstab durchsetzen konnten.

Bereits angefangen bei Forschung und Entwicklung entscheidet im Kapitalismus allein die Aussicht auf lohnende Geschäfte für die Eigentümer der Produktionsmittel darüber, was an nützlichen Dingen hergestellt wird, unter welchen Arbeitsbedingungen gearbeitet wird bzw. ob überhaupt die vorhandenen Produktionsmittel angewandt werden. In der Vereinigung freier und gleicher Menschen werden demgegenüber mit gemeinschaftlichen Produktionsmitteln Dinge hergestellt, wenn sie von den Gesellschaftsmitgliedern gewollt werden. Die Arbeitsbedingungen sind hier selbstverständlicher Bestandteil in ihrer *eigenen* Beurteilung, ob und wie etwas produziert wird. Ebenso der Einfluss auf die Umwelt. Mit anderen Worten: der Zweck der

Produktion ist nicht die Vermehrung privater Geldvermögen, sondern die Bedürfnisbefriedigung sämtlicher Gesellschaftsmitglieder.

Jedem nach seinen Bedürfnissen

Die individuelle Arbeitszeit als Maßstab des individuellen Anteils am Produkt der gesellschaftlich durchschnittlichen Arbeitszeit ist kein Mangel einer Übergangsgesellschaft gegenüber dem vollkommenen Kommunismus, sondern vielmehr die ökonomische Form, über die die Vereinigung freier und gleicher Menschen und damit das kommunistische Prinzip »Jeder nach seinen Fähigkeiten, jedem nach seinen Bedürfnissen!« von einer hohlen Phrase auf eine ökonomische Grundlage gestellt wird.

Der »Verein freier Menschen« ist nicht das Schlaraffenland. Auch hier gilt das Reich der Notwendigkeit in dem Sinne, dass nur konsumiert werden kann, was im Rahmen der gesellschaftlichen Arbeitsteilung produziert wurde. Die Reproduktion der Gesellschaft setzt daher voraus, dass die zur Befriedigung der Bedürfnisse notwendige Arbeit in gesellschaftlicher Arbeitsteilung planmäßig organisiert und umgesetzt wird. Mit anderen Worten: Wer sich bezogen auf seinen Konsum nicht an der Produktion im Verhältnis zur gesellschaftlich notwendigen Arbeitszeit beteiligt, setzt voraus, dass andere Gesellschaftsmitglieder für ihn die notwendige Arbeit übernehmen.

Das wird in bestimmten Fällen durchaus gesellschaftlicher Konsens sein, z.B. im Zusammenhang mit der Betreuung von Kindern, im Ausbildungs- und Gesundheitswesen oder bei der Versorgung alter Menschen. Um die Reproduktion der Gesellschaft dennoch ökonomisch zu gewährleisten, muss der für diese allgemeinen Leistungen erforderliche Arbeitsaufwand genauso wie der Aufwand für diverse Investitions- und Reservefonds von dem für den individuellen Konsum zur Verfügung stehenden Arbeitszeitkonten abgezogen werden. Der auf die individuellen Arbeitszeitkonten bezogene Auszahlungsfaktor wird entsprechend immer kleiner, je größer der Abzug für die gemeinschaftlichen Fonds anwächst.

Für die Berechnungen in der Gesamtproduktion ist es hierbei unerheblich, ob es viele oder wenige Bereiche gibt, für die gesellschaftlicher Konsens besteht, dass »Nehmen nach Bedarf« ohne ökonomisches Maß realisiert werden soll. Ist die Produktion erst einmal geordnet, ist es durchaus denkbar, dass die Verteilung fortlaufend mehr vergesellschaftet wird, so dass auch Lebensmittel, Personentransport, Wohnungen etc., kurz: die Befriedigung der allgemeinen Bedürfnisse, auf diesem Boden zu stehen kommen. Diese Entwicklung ist ein Prozess, der sich, soweit es sich um die technische Seite der Aufgabe handelt, schnell vollziehen kann. Je mehr die Gesellschaft in dieser Richtung wächst, je mehr Produkte nach diesem Prinzip verteilt werden, desto weniger wird die individuelle Arbeit das

Maß für die individuelle Konsumtion sein. Mit fortschreitender Vergesellschaftung der Verteilung ist die Arbeitszeit dann nur noch das Maß für den weiterhin individuell zu distribuierenden Teil des gesellschaftlichen Produkts. (69)

Die entscheidende Frage ist allerdings, in welchem Ausmaß eine Ausdehnung der Verteilung ohne ökonomisches Maß überhaupt zweckmäßig ist. Im »Verein freier Menschen« stehen die Bedürfnisse auf der Grundlage der gegebenen Produktivität schließlich auch im Verhältnis zum erforderlichen Zeitaufwand, d.h. zur individuellen Bereitschaft, sich hierfür an der Produktion zu beteiligen. Ohne die Information über den mit den Objekten der Bedürfnisse verbundenen gesellschaftlichen Aufwand ist eine vernünftige Abwägung, ob der Aufwand überhaupt im Verhältnis zum Nutzen steht, unmöglich. Wenn die Gesellschaftsmitglieder über den mit den verschiedenen Produkten und Dienstleitungen verbundenen Aufwand nichts wissen, bliebe ihnen nur ihr subjektives Bedürfnis als Maß, ob sie etwas haben wollen oder nicht. Auch die Frage, wieviel sie arbeiten wollen, ließe sich ohne den ökonomischen Maßstab der Arbeitszeit nicht bezogen auf das Verhältnis von Arbeit zu Arbeitsertrag beantworten, sondern allein über das Bedürfnis arbeiten zu wollen. Die Arbeitszeit als Maßstab für den individuell zu konsumierenden Teil des gesellschaftlichen Produkts ist daher kein Gegensatz zur Bedürfnisbefriedigung, sondern Mittel einer rationalen Abwägung. Nur mit Hilfe der Wirtschaftsrechnung lassen sich die Mittel in ökonomischer Weise in den Dienst der Zwecke stellen. Das gilt für die Organisation der Produktion, die auf die Ermittlung der gesellschaftlich notwendigen Arbeitszeit nicht verzichten kann, ebenso wie für die rationelle Abwägung des Umgangs mit den Resultaten der gemeinsamen Produktion. Selbst bei den für jeden notwendigen Infrastrukturleistungen, wie beispielsweise Wasser und Strom, wäre es unsinnig, ohne diese Informationen auskommen zu wollen.

Den Gegensatz zwischen Bedürfnis und notwendiger Arbeit erzeugen nicht die Arbeitszertifikate, sondern die Natur selbst. Das Reich der Freiheit beginnt erst da, wo die Notwendigkeit der Arbeit aufhört. Durch die systematische Offenlegung des Zusammenhanges zwischen Bedürfnis und notwendiger Arbeit erzeugt die Gesellschaft keinen Gegensatz. Im Gegenteil: Den Gesellschaftsmitgliedern den Zusammenhang von Aufwand zu Ertrag anhand der Arbeitszeitrechnung offenzulegen, ebenso wie ihren persönlichen Anteil an Arbeit und Konsum, darauf wird eine Gesellschaft nicht verzichten können, wenn ihre Gesellschaftsmitglieder selbst nach ihren Bedürfnissen über Arbeit und Konsum bestimmen wollen. Der »Verein freier Menschen« würde seinem Namen nicht gerecht, würde er die materielle Grundlage ignorieren, die ihn in die Lage versetzt, Produktion und Distribution selbst leiten und verwalten zu können. Verteilung ohne ökonomisches Maß bedeutet nicht »Nehmen nach Bedarf«, sondern Zuteilung durch eine übergeordnete Instanz.

Der Verein freier und gleicher Menschen verhindert systematische Ausbeutung durch die Durchsetzung der individuellen Arbeitszeit als Maß für den Anteil am Produkt der gemeinsamen gesellschaftlichen Arbeit. In welcher *Form* die Arbeitszeit als das direkte Maß für den individuell zu konsumierenden Teil des gesellschaftlichen Produkts zur Anwendung kommt, ist demgegenüber keine Frage der Grundprinzipien kommunistischer Produktion und Verteilung, sondern als bewusste Handlung der Gesellschaft eine konkrete Regelung in Bezug auf die Einsicht der Gesellschaftsmitglieder in die Notwendigkeiten ihres kooperativen Produktionszusammenhanges. Sie können es beispielsweise bei der Bereitstellung der Information über die Arbeitszeiten belassen und auf den vernünftigen Umgang hiermit setzen. Sie können eine individuelle Unterdeckung der Arbeitsbeteiligung im Verhältnis zum Konsum auch zum Anlass für Kritik nehmen oder den Zugang zu Konsumtionsmitteln in bestimmten Bereichen beschränken. Letzteres wird unvermeidbar sein in einer kommunistischen Gesellschaft, die sich nicht auf ihrer eigenen Grundlage entwickelt hat, sondern umgekehrt »aus der kapitalistischen Gesellschaft hervorgeht; also in jeder Beziehung, ökonomisch, sittlich, geistig noch behaftet ist mit den Muttermalen der alten Gesellschaft, aus deren Schoß sie herkommt.«[21] Hier erhält der einzelne Produzent – nach Abzug seiner Arbeit für die gemeinschaftlichen Fonds – zurück, was er ihr gegeben hat, den von ihm gelieferten Teil des gesellschaftlichen Arbeitstags, seinen Anteil daran.

[21] Karl Marx, Kritik des Gothaer Programms, MEW 19, S. 21

Jeder nach seinen Fähigkeiten

»Warum soll eine Sekretärin im Büro nebenan nur 30 Minuten jeder ihrer Arbeitsstunde bezahlt bekommen, wenn Fachleuten zwei Stunden für jede ihrer Arbeitsstunden bezahlt werden? Die Sekretärinnen und Putzfrauen würden bald sagen: Jetzt reicht es! Was ist das für ein Sozialismus, bei dem einer von Euch so viel wert ist wie vier von uns?«[22]

Gegen die Arbeitszeitrechnung wird eingewandt, dass sie als Wirtschaftsrechnung ungeeignet sei, weil es über sie nicht möglich ist, Arbeit verschiedener Qualität zu bewerten. Man könne »dem Arbeiter, der eine Stunde einfachster Arbeit geleistet hat, nicht das Recht geben, das Produkt einer Stunde höher qualifizierter Arbeit zu verzehren.«[23]

Aber genau das kann und muss der »Verein freier Menschen«. Ein einarmiger Produzent erhält im kooperativen Produktionsverhältnis für seine Arbeit den gleichen Anteil

---

[22] W. P Cockshott, A. Contrell, Alternativen aus dem Rechner. Für sozialistische Planung und direkte Demokratie, PapyRosa Verlag 2006, S. 65

[23] Ludwig von Mises, Die Gemeinwirtschaft. Untersuchungen über den Sozialismus, Jena Verlag von Gustav Fischer
1922, S. 147

am gesellschaftlichen Produkt wie der zweiarmige Produzent. Während dies auf der Grundlage kapitalistischer Wertrechnung unökonomisch ist, ist dies auf der Grundlage kommunistischer Arbeitszeitrechnung ökonomisch. Gemäß der kapitalistischen Wertrechnung ist es auch ökonomisch, eine globale Einkaufslogistik aufzubauen, um Produkte, die auf einer Seite des Globus konsumiert werden, in sogenannten Billiglohnländern auf der anderen Seite des Globus produzieren zu lassen. Diese nach kapitalistischer Wirtschaftsrechnung effiziente Allokation der Ressourcen ist auf der Grundlage kommunistischer Arbeitszeitrechnung Verschwendung von Ressourcen. Da im »Verein freier Menschen« nicht zwischen *minderwertigen* und *höherwertigen* Arbeitskräften unterschieden wird, kommt es auch zu keiner falschen Allokation der Produktionsmittel. Hier wird nicht in Konkurrenz gegeneinander, sondern in Kooperation miteinander der gesellschaftliche Reichtum produziert und verzehrt.

In der kapitalistischen Gesellschaft ist die Arbeitskraft »eine Ware, nicht mehr, nicht minder als der Zucker. Die erste misst man mit der Uhr, die andere mit der Waage … Dieselben allgemeinen Gesetze nun, welche den Preis der Waren im Allgemeinen regeln, regeln natürlich auch den Arbeitslohn, den Preis der Arbeit. Der Lohn der Arbeit wird bald steigen, bald fallen, je nach dem Verhältnis von Nachfrage und Zufuhr, je nachdem sich die Konkurrenz zwischen den Käufern der Arbeitskraft, den Kapitalisten, und den Verkäufern der Arbeitskraft, den Arbeitern, gestaltet. Den Schwankungen der Warenpreise im Allgemeinen entsprechen die Schwankungen des Arbeitslohns. Innerhalb dieser Schwankungen aber wird der Preis der Arbeit bestimmt sein durch die Produktionskosten, durch die Arbeitszeit, die erforderlich ist, um diese Ware, die Arbeitskraft, hervorzubringen. Welches sind nun die Produktionskosten der Arbeitskraft? Es sind die Kosten, die erheischt werden, um den Arbeiter als Arbeiter zu erhalten und um ihn zum Arbeiter auszubilden. Je weniger Bildungszeit eine Arbeit daher erfordert, desto geringer sind die Produktionskosten des Arbeiters, umso niedriger ist der Preis seiner Arbeit, sein Arbeitslohn. In den Industriezweigen, wo fast gar keine Lernzeit erforderlich ist und die bloße leibliche Existenz des Arbeiters genügt, beschränken sich die zu seiner Herstellung erforderlichen Produktionskosten fast nur auf die Waren, die erforderlich sind, um ihn am arbeitsfähigen Leben zu erhalten. Der Preis seiner Arbeit wird daher durch den Preis der notwendigen Lebensmittel bestimmt sein.«[24]

Mit der Vergesellschaftung der Produktionsmittel wird demgegenüber die Aufrechterhaltung des sachlichen Teils des Produktionsapparates ebenso wie die Reproduktion der Arbeitskraft zur gesellschaftlichen Funktion. Sie wird

---

[24] Karl Marx, Friedrich Engels, Lohnarbeit und Kapital, MEW 6, S. 399/406

nicht mehr den einzelnen Individuen aufgebürdet, sondern von der Gesellschaft getragen. Die Ausbildung ist daher auch nicht mehr gebunden an den Geldbeutel der Eltern, sondern allein abhängig von Veranlagung und physischer Beschaffenheit des Kindes. Im »Verein freier Menschen« wird das allgemeine Ausbildungswesen von der Kita über die Grundschule bis zur Universität nach dem Prinzip »Nehmen nach Bedarf« ohne ökonomisches Maß von der Gesellschaft zur Verfügung gestellt. Ähnlich wie die Aufwendungen für die Grundlagenforschung nicht den einzelnen Gütern als Aufwand zugerechnet werden, sondern lediglich den Umfang der individuellen Arbeitszeitkonten verringern, wird auch der Aufwand für das allgemeine Bildungswesen als eine von allen zu tragende gesellschaftliche Dienstleistung organisiert. In der kommunistischen Gesellschaft hat es daher ökonomisch keinen Sinn, über das allgemeine Ausbildungswesen höher qualifizierte Arbeit dem Produkt anders zuzurechnen als weniger qualifizierte Arbeit. Da die Trennung zwischen den Arbeitskräften und den Produktionsmitteln aufgehoben ist und somit die Arbeitskraft keine Ware mehr ist, kann auch von Reproduktionskosten der Arbeitskraft nicht mehr die Rede sein. Das gesellschaftliche Produkt dient gleichermaßen allen Gesellschaftsmitgliedern zur Bedürfnisbefriedigung. Beim Berechnen der Produktionszeit können daher die verausgabten Arbeitsstunden in ihrer tatsächlichen Quantität eingehen, während jeder Arbeiter die wirkliche Zahl seiner aufgewandten Arbeitsstunden abzüglich der Arbeitszeit für die gemeinschaftlichen Fonds auch wieder dem gesellschaftlichen Produkt entzieht.

Aber wer wird auf der Grundlage des gleichen Anteils am gesellschaftlichen Produkt bereit sein, die weniger angenehmen Arbeiten zu verrichten?

Im Kapitalismus wird die Verteilung der notwendigen Arbeit im Rahmen der unterschiedlichen Entlohnung einschließlich diverser Erschwerniszulagen im Wesentlichen darüber geregelt, dass die mittellosen Arbeitskräfte auf dem Arbeitsmarkt um die Arbeitsplätze und damit um ihren Lebensunterhalt konkurrieren. Wer keine für die Privateigentümer lohnende Verwendung findet, lebt als Arbeitsloser neben den Reichtümern der Gesellschaft am Existenzminimum und außerhalb der reichsten Industriestaaten der Welt auch darunter. Auf dieser Grundlage regelt die Konkurrenz auf dem Markt über Angebot und Nachfrage, dass selbst für die schlechtesten Löhne die größte Drecksarbeit gemacht wird. Im »Verein freier Menschen«, wo niemand gezwungen ist, aus Not für andere besonders gefährliche oder unangenehme Arbeiten zu erledigen, müssen demgegenüber zusätzliche Anstrengungen unternommen werden, den notwendigen Arbeitsaufwand zu automatisieren, angenehmer zu gestalten oder soweit wie möglich zu verkürzen.

Investitionen in Maschinen und Anlagen zur Erleichterung oder Automatisierung der Arbeit haben in der Marktwirtschaft nur Sinn, wenn das Verhältnis von Vor- zu Überschuss sich für den Produktionsmittelbesitzer im Vergleich zu alternativen Investments lohnt. Wenn die Lohnkosten für die auf dem Arbeitsmarkt miteinander konkurrierenden Arbeitskräfte günstiger sind als die Investition in Maschinen, lohnt sich Automatisierung für die Unternehmen nicht. Für die Entscheidung, wie der Arbeitsprozess organisiert wird, sind marktwirtschaftlich die Arbeitsmühen und der physische Verschleiß der Produzenten nicht ausschlaggebend. Im »Verein freier Menschen«, in dem diejenigen, die die Aufgabe erledigen, auch mitentscheiden, ob bzw. wie die Arbeit ausgeführt wird, sieht das ganz anders aus. Wo keine »minderwertigen« Arbeitskräfte bzw. ganze »Billiglohnländer« zur Verfügung stehen, lässt sich der notwendige Aufwand für die gewünschten Konsumartikel nicht auf andere Menschen abwälzen, sondern muss gemeinsam getragen werden. Die fehlende Bereitschaft, bestimmte Aufgaben zu übernehmen, führt den Gesellschaftsmitgliedern daher bezogen auf das Verhältnis von Aufwand zu Ertrag unmittelbar vor Augen, dass ein höherer gesellschaftlicher Aufwand erforderlich ist, um die für den gewünschten Ertrag notwendigen Arbeiten zu erledigen.

Um die Bereitschaft zur Übernahme unbeliebter Arbeiten zu erhöhen, gibt es je nach Art der Aufgabe unterschiedliche Möglichkeiten: unsichere Arbeitsbedingungen kann man sicherer machen, unbeliebte Arbeitszeiten können aufgegeben werden, einseitige Aufgaben können unterhaltsamer, interessanter oder anspruchsvoller gemacht werden. Da eine unangenehme Aufgabe angenehmer wird, wenn weniger Zeit damit verbracht werden muss, kann selbst eine unterschiedliche Gewichtung bestimmter Aufgaben in Betracht gezogen werden. Gibt es nicht genügend Freiwillige für einen Arbeitsbereich, wird das *Gewicht* dieser Arbeit erhöht. »Die Beiträge zu einem Projekt werden also nicht einfach in Arbeitszeit, sondern in gewichteter Arbeitszeit gemessen. ... Ein solches Aufgabenversteigerungssystem stellt sicher, dass alle relevanten Aufgaben übernommen werden und dass sich alle Projektmitglieder gemäß ihrer Präferenzen entscheiden können – niemand wird gezwungen etwas zu tun oder zu lassen.«[25]

Natürlich wäre es ideal, wenn jeder jederzeit jede Funktion übernehmen könnte. In einer industrialisierten Welt ist aufgrund der Vielzahl der Funktionen und der Komplexität der Aufgaben dies jedoch unrealistisch. Im »Verein freier Menschen« kann nicht jeder Pilot werden und auch in einem von den Produzenten organisierten Kraftwerk, an einem Hochofen oder in einer Raffinerie wird nicht jeder

---

[25] Christian Siefkes, Beitragen statt tauschen, S.29f. / S. 155ff

machen können, was er gerade will. Bewerben kann sich im Prinzip jeder auf alles. Ob die anderen Gesellschaftsmitglieder ihm allerdings für bestimmte Aufgaben das nötige Vertrauen schenken, entscheiden sie ähnlich wie in der Marktwirtschaft im Rahmen von Bewerbungsverfahren. Es wäre an dieser Stelle »absurd, vom Prinzip der Autorität als einem absolut schlechten und vom Prinzip der Autonomie als einem absolut guten Prinzip zu reden.«[26] Es kommt sehr wohl auf ihren Inhalt an. Wo die Kalkulationsgrundlage für den Nutzen billiger Arbeitskräfte und Arbeitsbedingungen entfällt, wird die möglichst umfassende Ausbildung und Befähigung zur Übernahme vielseitiger Tätigkeiten sowie die attraktive Gestaltung der Aufgabenbereiche zum selbstverständlichen Vorteil und Interesse aller Gesellschaftsmitglieder.

---

[26] Friedrich Engels, Von der Autorität, MEW Bd. 18, S. 307

Die »Diktatur« der öffentlichen Buchführung

Es ist eine Machtfrage, ob es bei einer kommunistischen Umwälzung gelingt, das Verhältnis zwischen Produzent und Produkt als das Verhältnis festzulegen zwischen der individuellen Arbeitszeit des Produzenten und der gesellschaftlich durchschnittlichen Arbeitszeit für das Produkt. Dieses und nur dies allein ist die Kernfrage der sozialen Revolution. (23)

Die Vereinigung freier und gleicher Menschen übt eine ökonomische »Diktatur« aus. Mit der Durchsetzung der individuellen Arbeitszeit als Maßstab für den Anteil am Produkt der gesellschaftlichen Arbeit erkennt sie das Recht der Ausbeutung nicht an und unterwirft zugleich das gesamte Wirtschaftsleben den kommunistischen Produktionsregeln. (114) Ihre »Diktatur« besteht darin, die öffentliche Buchführung der Arbeitszeitrechnung als allgemeine Grundlage für Produktion und Verteilung durchzuführen. Hierüber ermöglicht sie den Gesellschaftsmitgliedern ihre arbeitsteilige Ökonomie weitgehend selbstständig zu leiten und zu verwalten. Lediglich Grundsatzfragen bezüglich verschiedener Aspekte ihres wirtschaftlichen und sozialen

Zusammenhanges bedürfen zusätzlich gesamtgesellschaftlicher Entscheidungsprozesse. Konzeptionelle Überlegungen, beispielsweise im Bereich Verkehr, Energieversorgung, Landwirtschaft, Umwelt, Medizin, Ausbildung etc., müssen hierfür von den Fachabteilungen der zentralen Planungsorganisationen sachlich ausgearbeitet und nach ausführlicher gesellschaftlicher Diskussion der Bevölkerung zur Entscheidung vorgelegt werden. Diese Grundsatzentscheidungen, die einmalig zu treffen sind bzw. lediglich in größeren Abständen zusammen mit der entsprechenden Aufwandsplanung einer Wiedervorlage bedürfen, bilden ergänzend zur Arbeitszeitrechnung die konkrete Grundlage, auf der die Gesellschaftsmitglieder den Reproduktionsprozess ihrer kooperierenden Produktionsgenossenschaften gemeinsam steuern können. Die öffentliche Buchhaltung der eingehenden und ausgehenden Arbeitsstunden in der Kette vom Rohstoff bis zum Endprodukt liefert den Gesellschaftsmitgliedern dabei die sachliche Grundlage für Verbesserungsvorschläge oder Kritik. Die Betriebsorganisationen führen öffentlich Buch über das ihnen im Rahmen der Lieferbeziehungen von der Gesellschaft anvertraute Inventar an Rohstoffen, Halbfabrikaten und Produktionsmitteln und die hierin enthaltene gesellschaftliche Arbeitszeit. Die gesellschaftlich durchschnittliche Produktionszeit (als Einheit der Produktivität) erweist sich als Kontrolleur in der Produktionsgenossenschaft. (100) Als Kontrolleur nicht nur bezogen auf die einzelnen

Lieferbeziehungen, sondern bezogen auf den gesamtgesellschaftlichen Reproduktionsprozess, der in der gesellschaftlich durchschnittlichen Produktionszeit pro Einheit für alle offen liegt. Aber dieser »Kontrolleur« ist weder ein ihnen übergeordnetes Subjekt, noch ein Sachzwang einer hinter ihrem Rücken wirkenden ökonomischen Gesetzmäßigkeit, sondern ihr eigener kooperativer Zusammenhang, den sie im Konsens miteinander zu ihrem gemeinsamen Nutzen steuern können. Indem sie die Produktion und Verteilung von Gütern und Dienstleistungen unter Ausschaltung der Konkurrenz auf der Grundlage der Arbeitszeitrechnung durchführen, treten an die Stelle der Regierung über Personen die Verwaltung von Sachen und die Leitung von Produktionsprozessen.

Bei Meinungsverschiedenheiten werden die Gesellschaftsmitglieder innerhalb eines Betriebes ihre Angelegenheiten im direkten kritischen Austausch miteinander regeln. Zwischen den Produktionsgenossenschaften sowie in Hinblick auf übergeordnete Angelegenheiten ihres Produktionszusammenhanges werden die Gesellschaftsmitglieder ihre Angelegenheiten über die von ihnen abgesandten und jederzeit abrufbaren Räte regeln lassen. Die einzelnen Betriebsorganisationen werden dabei unterstützt durch die gesamtgesellschaftliche Kontrolle der von ihnen hierfür gemeinsam geschaffenen zentralen Planungs- und Steuerungsorganisationen, allerdings immer nach dem Motto:

Selbstständige Leitung und Verwaltung bleibt die gebieterische Forderung, von der, allen schönen Phrasen zum Trotz, die freien Produzenten nicht abweichen dürfen. (101) Die zentralen Planungs- und Steuerungsorganisationen sind nichts anderes als Administratoren in einer Gesellschaft, in der sich die Gesellschaftsmitglieder über die Vergesellschaftung der Produktionsmittel und mit Hilfe der Arbeitszeitrechnung die Grundlage geschaffen haben, selbständig zu entscheiden, was sie im Verhältnis der dafür zu leistenden Arbeit haben wollen oder nicht.

Im Verbund selbstbestimmter Menschen sind die Räte die organisatorischen Waffen im Rahmen ihres gesellschaftlichen Zusammenhanges. Nicht die zentrale Planungsbehörde setzt die Betriebsleitungen ein, die wiederum die Abteilungsleitungen einsetzen, die wiederum den Produzenten vorschreiben, was zu tun ist, sondern umgekehrt. Die von den Produzenten delegierten Räte beauftragen die erforderlichen betriebsübergreifenden Planungsinstanzen. Mit der Konsolidierung und Abstimmung von Einzelplänen sowie der überbetrieblichen Kontrolle wird keine Macht im Sinne von Anweisung und gewaltsamer Durchsetzung übergeordnet. Die arbeitsbereichsübergreifenden Organisationen sind nichts anderes als das Mittel der Gesellschaftsmitglieder, mit dem sie ihren Entscheidungsgremien die »Notwendigkeiten« ihres arbeitsteiligen Produktionszusammenhanges transparent machen. Der »Verein freier Menschen« akzeptiert keine von zentralen staatlichen Stellen eingesetzten Betriebsleiter, welche unabhängig vom Willen der Gesellschaftsmitglieder die Arbeitszeiten und -organisation festlegen. Sie selbst schaffen und kontrollieren über ihre Räteorganisation die für ihre Produktion erforderliche zentrale Planungs- und Steuerungsorganisation, mit der sie den Zusammenhang zwischen ihren Produktionszielen und dem dafür erforderlichen Arbeitsaufwand festlegen. So bleiben die Arbeitsstätten und Kommunen die selbstständigen Organisationsformen der Bevölkerung, zum Zweck, gemeinsam ihren arbeitsteiligen Zusammenhang zu regeln. So bleibt es eine Frage der sachlichen Klärung und nicht eine Frage der übergeordneten Entscheidung.

Das Elend des Realsozialismus

»In diesem Jahr haben wir völlig klar bewiesen, dass wir nicht zu wirtschaften verstehen. Das ist die grundlegende Lehre. Entweder werden wir im nächsten Jahr das Gegenteil beweisen, oder die Sowjetmacht kann nicht weiterexistieren.« W. I. Lenin, März 1922[27]

Für die kommunistischen Bolschewiki und ihre Nachfolger als auch die Marktsozialisten verschiedenster Couleur war und ist die Durchsetzung der individuellen Arbeitszeit als Maß für den Anteil am Produkt der gesellschaftlichen Arbeit kein Thema. Die Marktsozialisten wollen den Kapitalismus nicht abschaffen, sondern nach sozialistischen Kriterien regulieren. Sie wollen auf dem Wege des allgemeinen Wahlrechts, unter Ausnützung der bürgerlichen Demokratie, den bürgerlich-kapitalistischen Staat erobern, und mit Hilfe staatlicher Regulierung die von den Kapitalisten geleitete Wirtschaft in eine durch den demokratischen Staat geleitete sozialistische Marktwirtschaft umwandeln. Bei diesen Bemühungen stellte und stellt sich regelmäßig Realismus ein. Gegenüber ihrem Ideal zeigt sich

[27] W. I. Lenin, XI. Parteitag der KPR(B) 27. März 1922, Werke Bd.33, S. 260

immer wieder, dass auch der Staat mit marktsozialistischer Mehrheit in erster Linie den Notwendigkeiten der kapitalistischen Konkurrenz (Stichwort: Wettbewerbsfähigkeit) unterworfen ist, an der sich die Umsetzbarkeit sozialistischer Programme relativiert. Dieser Idealismus marktsozialistischer Politik wurde und wird von den Bolschewiki und ihren Nachfolgern mit aller Entschiedenheit bekämpft. Sie propagierten die Vernichtung des bürgerlichen Staates in der Revolution, die Bildung einer neuen politischen Macht durch die politische Organisation (Partei) der Arbeiterklasse und mit der Aufhebung der Anarchie der Märkte die planmäßige Organisation der Wirtschaft nach sozialistischen Grundsätzen.

Die russische Revolution verlief zunächst weitgehend gemäß dieser Vorstellung. Im Jahre 1917 begannen die Produzenten in Russland unter Anleitung der bolschewistischen Organisation die Besitzenden zu enteignen, mit der Absicht, Produktion und Verteilung nach kommunistischen Grundsätzen zu ordnen. Der Enteignungsprozess setzte von unten ein, zum großen Ungemach der Bolschewiki, welche die Wirtschaft von oben herab leiten und verwalten wollten. (16) Die Bolschewiki haben sich nicht dafür eingesetzt, dass die Arbeiter die Betriebe besetzen sollten, um diese unter ihrer Leitung in einer »Vereinigung freier Menschen« weiter zu führen. Die Arbeiterschaft sollte nur den Staatsapparat der Bourgeoisie zerschlagen und die Bolschewiki in die Leitung des neuen Staates bringen. Die allmähliche Durchführung einer planmäßigen Organisation der Wirtschaft nach sozialistischen Grundsätzen war dann die Funktion der neuen Leitung. (161) Dementsprechend gab die Kommunistische Partei auch keine Richtlinien, nach denen die Arbeiter selbst ihren Betrieb in das kommunistische Wirtschaftsleben einfügen konnten, sie gab keine Richtschnur, wonach Leitung und Verwaltung tatsächlich an die Gesellschaft überging. Für sie war die Befreiung der Arbeiter nicht das Werk der Arbeiter selbst, sondern für sie war die Durchführung des Kommunismus eine Funktion der »Männer der Wissenschaft«, der »Intellektuellen«, der »Statistiker« usw. (163) Die Arbeiterklasse war gerade gut genug, die alten Beherrscher der Arbeit wegzufegen – und neue dafür an deren Stellen zu setzen. Weiter reichte ihre Funktion nicht, und weiter konnte sie auch nicht reichen, weil die Basis für die Selbst-Organisation nicht durch allgemein geltende Produktionsregeln gegeben war. Weil die sozialistische Ökonomie nicht im Sinne einer »Vereinigung freier Menschen« über das unmittelbare Verhältnis der Produzenten zum gesellschaftlichem Produkt organisiert werden sollte. (163f)

Waren anfänglich noch Direktoren, kommunale Räte usw. den Arbeitern gegenüber verantwortlich, so wurden sie Zug um Zug der zentralen Leitung, die das Ganze dirigierte, untergeordnet. Im Anfang Verantwortung nach unten, nun Verantwortung nach oben. (12) »Die Revolution hat soeben die ältesten, festesten, schwersten Fesseln zerschlagen, denen sich die Massen zwangsweise gefügt hatten. Das war gestern. Heute aber fordert dieselbe Revolution, eben im Interesse ihrer Entwicklung und Festigung, eben im Interesse des Sozialismus, die *unbedingte Unterordnung* der Massen unter den *einheitlichen Willen* der Leiter des Arbeitsprozesses.«[28]

Die Kommunistische Partei glaubte zunächst, dass es nur nötig sei, die alten Industrieführer zu verjagen und die Kommandogewalt über die Arbeit selbst in die Hand zu nehmen, um alles nach sozialistischen Grundsätzen zu leiten. Lenin drückte diese Vorstellung folgendermaßen aus: »*Ohne die Großbanken wäre der Sozialismus nicht zu verwirklichen.* Die Großbanken *sind* jener „Staatsapparat", den wir für die Verwirklichung des Sozialismus *brauchen* und den wir vom Kapitalismus *fertig übernehmen*, wobei unsere Aufgabe hier lediglich darin besteht, das zu *entfernen*, was diesen ausgezeichneten Apparat *kapitalistisch verunstaltet*, ihn *noch größer*, noch demokratischer, noch umfassender zu gestalten. Quantität wird in Qualität umschlagen. Eine einheitliche Staatsbank allergrößten Umfangs mit Zweigstellen in jedem Amtsbezirk, bei jeder Fabrik – das ist schon zu neun Zehnteln ein *sozialistischer* Apparat. Das bedeutet eine ge-

---

[28] W. I Lenin, Die nächsten Aufgaben der Sowjetmacht, 28,4,1918, Werke 27, Dietz Verlag 1. Aufl. 1960, S. 260. Hervorhebungen im Originaltext

samtstaatliche *Buchführung*, eine gesamtstaatliche *Rechnungsführung* über die Produktion und Verteilung der Produkte, das ist sozusagen eine Art *Gerippe* der sozialistischen Gesellschaft.«[29]

Nachdem das Jahr 1919 für die Sowjetregierung mit entscheidenden militärischen Siegen im Bürgerkrieg abgeschlossen hatte, wurden – angesichts der chaotischen Entwicklung der staatlich gelenkten gemischten Wirtschaft – verstärkt Anstrengungen unternommen, eine marktlose, auf Grund eines Planes geleitete zentrale Verwaltungswirtschaft aufzubauen.[30] Dabei steuerten die Bolschewiki zielbewusst auf die Abschaffung des Geldes hin, die durch eine gewaltige Inflation des Tauschmittels zu Stande kommen sollte. »Wenn bei uns in Russland der Geldwert sinkt, so ist das gewiss sehr schwer für uns zu ertragen ... Aber wir haben einen Ausweg, eine Hoffnung. Wir gehen der völligen Aufhebung des Geldes entgegen. Wir naturalisieren den Arbeitslohn, wir führen kostenlose Straßenbahnbenutzung ein, wir haben freien Schulunterricht, kostenloses, wenn auch einstweilen schlechtes Mittagessen, freie Wohnung, Beleuchtung usw. Wir führen das sehr langsam durch, unter äußerst schwierigen Umständen, wir müssen

---

[29] W. I Lenin, Werden die Bolschewiki die Staatsmacht behaupten?, Oktober 1917, Werke 26, 1. Aufl. 1961, S. 89f. Hervorhebungen im Originaltext

[30] Vgl. hierzu: Friedrich Pollock, Die planwirtschaftlichen Versuche in der Sowjetunion 1917 – 1927, Verlag Neue Kritik Frankfurt 1971, S. 56ff

ununterbrochen kämpfen, aber wir haben einen Ausweg, eine Hoffnung, einen Plan.«[31] (168)

In dem Maße, in dem es gelang, den freien Markt zu vernichten, sollten seine Funktionen von zentralen Verwaltungsinstanzen übernommen werden. Der bereits Ende 1917 gegründete oberste Volkswirtschaftsrat hatte die Aufgabe, mit dem Übergang zu naturalwirtschaftlichen Verhältnissen die Verteilung aller Güter unter Ausschaltung des Geldes und des Handels zu organisieren. Er sollte, mit anderen Worten, für alle Einwohner feststellen, wieviel Brot, Butter, Kleider usw. jeder einzelne bekommen kann, und ihm diese Güter in Natura zuweisen. Dies sollte möglich gemacht werden durch eine gewissenhafte Produktions- und Verbrauchsstatistik. Die Produktions- und Distributionsberechnung würde also nicht geschehen in Geld oder einem anderen allgemeinen Maß, sondern nur in Gütersummen. Man würde rechnen nach Gewicht, Längen oder Raummaßen oder schließlich nur nach Anzahl Gebrauchsgüter. (168f) Dass dieses nicht nur auf dem Papier stand, möge aus ein paar Daten hervorgehen: Am 11.10.1920 erschien »die Verfügung, dass die Benutzung von Telefon, Wasserleitung, Kanalisation, Gas, Elektrizität und der Transportmittel, ebenso wie die Lieferung von Brennstoffen und die Mieten für die Arbeiter und Ange-

---

[31] G. Sinowiew, Zwölf Tage in Deutschland, S. 74., zitiert bei: Friedrich Pollock, Planwirtschaftliche Versuche in der Sowjetunion, S. 73

stellten aller Staatsbetriebe sowie für Invaliden, Familienangehörige der Roten Armee usw. unentgeltlich seien.«[32] Die »Naturalisierung des Arbeitslohnes« wurde darüber weiter vorangetrieben. Schließlich wurde nur 15% des Arbeitslohnes in Geld gegeben, während 85% in Natura ausbezahlt wurde. Das Kommissariat für Verpflegung hatte 58 Millionen Menschen auf diese Art zu versorgen. Es war der Versuch, die sozialistische Ökonomie nach dem Prinzip planmäßiger Gebrauchsgüterproduktion zu steuern. (169)

Im Rahmen dieser naturalwirtschaftlichen Verwaltung von Produktion und Distribution wurden Produktionsmittel und Konsumtionsmittel ohne ein die beiden Bereiche verbindendes ökonomisches Maß zugeteilt, und die Bevölkerung zugleich zu einem sparsamen Umgang mit den Ressourcen ermahnt, ohne ihr gegenüber hierfür das Verhältnis von Aufwand zu Ertrag offenlegen zu können. Der Versuch, den Sozialismus auf der Grundlage einer »Naturalwirtschaft« aufzubauen, stellte die bolschewistische Partei unter der Führung von Lenin vor eine Aufgabe, die sie unmöglich lösen konnte. Die bürgerlichen Kritiker hatten Recht: Sozialismus im Sinne einer naturalwirtschaftlichen Planung ist „die Aufhebung der Rationalität der Wirtschaft. ... Es ist eine Illusion, wenn man glaubt, man

[32] Friedrich Pollock, Die planwirtschaftlichen Versuche in der Sowjetunion 1917 – 1927, Verlag Neue Kritik Frankfurt 1971, S. 70

könnte die Geldrechnung in der sozialistischen Wirtschaft durch die Naturalrechnung ersetzen."[33] Da Lenin aber an dieser Illusion festhielt, versuchte er zunächst mit dem Rückzug auf die sogenannte »Neue Ökonomische Politik« den drohenden wirtschaftlichen Zusammenbruch sowie die darüber wachsende Unzufriedenheit der Bevölkerung zu überwinden, um im zweiten Anlauf mit dem „staatskapitalistischen Monopol, das zum Nutzen des ganzen Volkes angewandt wird",[34] den Sozialismus als Vorstufe zum naturalwirtschaftlichen Kommunismus aufzubauen. Der ursprüngliche Plan, das Geld aus der Produktion und Distribution auszuschalten, um stattdessen auf der Grundlage der »Naturalwirtschaft« die Organisation der Wirtschaft nach sozialistischen Grundsätzen umzusetzen, wurde entsprechend aufgegeben. Wir »begingen den Fehler, dass wir uns entschlossen, den unmittelbaren Übergang zur kommunistischen Produktion und Distribution vorzunehmen. ... Ich sage: leider, weil uns eine nicht sehr lange Erfahrung von der Fehlerhaftigkeit dieser Konstruktion überzeugte, die im Widersprach stand zu dem, was wir früher über den Übergang vom Kapitalismus zum Sozialismus geschrieben hatten, als wir die Auffassung vertraten, dass es ohne eine

[33] Ludwig von Mises, Die Gemeinwirtschaft. Untersuchungen über den Sozialismus, Jena Verlag von Gustav Fischer
1922, S. 105ff

[34] W. I. Lenin, Die drohende Katastrophe und wie man sie bekämpfen soll, (Oktober 1917), Werke Bd.25, S. 369

Periode der sozialistischen Rechnungsführung und Kontrolle unmöglich sei, auch nur die unterste Stufe des Kommunismus zu erreichen.«[35]

Unter der als notwendig erkannten sozialistischen Rechnungsführung und Kontrolle wurde jedoch nicht die systematische Durchsetzung der Arbeitszeitrechnung für Produktion und Distribution verstanden, sondern ein temporärer Rückzug auf die staatliche Regelung des Handels bzw. den Staatskapitalismus. Ein nach Lenin »langwieriger und komplizierter Übergang von der kapitalistischen Gesellschaft, um auch nur zu einer Vorstufe der kommunistischen Gesellschaft zu gelangen«.[36] Ganz in diesem Sinne antwortete Leo Trotzki auf dem 12. Parteitag der kommunistischen Partei auf die Frage, ob die »Neue Wirtschaftspolitik« auch in anderen sozialistischen Ländern erforderlich sei: »Darauf antworten wir im Großen und Ganzen einstimmig, dass insofern wir unter der Neuen Wirtschaftspolitik die Ausnützung der Methoden und Institutionen der kapitalistischen Gesellschaft durch einen Arbeiterstaat zum Aufbau, oder zum Übergang zu dem Aufbau der sozialistischen Wirtschaft verstehen, alle Arbeiterstaaten diese Periode, je nach Bildungsstufe des betreffenden

[35] W. I. Lenin, Die Neue Ökonomische Politik und die Aufgaben der Ausschüsse für politisch-kulturelle Aufklärung, 17.10.1921, in Werke Bd. 33, S.42f

[36] W. I. Lenin, Die Neue Ökonomische Politik und die Aufgaben der Ausschüsse für politisch-kulturelle Aufklärung, 17.10.1921, in Werke Bd. 33, S.43

Landes, kürzer oder länger durchmachen müssen. … Indem wir die Gesetze des Marktes ausnutzen, diese Gesetze durch die mächtige Maschine unserer Staatsindustrie beeinflussen und die planwirtschaftliche Grundlage erweitern … und dadurch diese Märkte verschlucken … können wir mit vollem Recht behaupten, dass die Entwicklung unseres Sozialismus in einer Reihe dialektischer Siege über die »Neue Wirtschaftspolitik« mit Hilfe derer eigenen Methoden bestehen wird.«[37]

Ein Programm der »sozialistischen Rechnungsführung und Kontrolle«, das Stalin mit dem Ideal einer kommunistischen Naturalwirtschaft am fernen Horizont im Rahmen der führenden Rolle der Partei konsequent umsetzte und das letztlich nichts anderes bedeutete als den Übergang zum Marktsozialismus. Nach der Stabilisierung der Wirtschaft wurde entsprechend auch kein Versuch unternommen, zur sozialistischen »Naturalwirtschaft« zurückzukehren. Stattdessen drehten sich die Fraktionskämpfe innerhalb der kommunistischen Partei immer stärker um die Frage, ob mehr oder weniger Markt zum Erfolg der staatlichen Planwirtschaft führe. Eine in Hinblick auf die Marxsche Kritik der politischen Ökonomie absurde Kontroverse, bei der sich die Vertreter des Marktsozialismus letzt-

[37] Leo Trotzki, Referat über die russische Industrie in: Linke Opposition in der Sowjetunion 1923-1928, S,110

lich durchsetzten und darüber die Rückkehr zum Kapitalismus einleiteten. Den Schlusspunkt dieser Auseinandersetzung brachte Michail Gorbatschow folgendermaßen auf den Punkt: »Inzwischen hat das Leben gezeigt, dass das Plansystem, das die Marktkriterien und die Marktkontrolle außer Acht lässt, ebenso funktionsuntüchtig ist wie auch ein Markt, der nicht durch einen Plan gelenkt wird.«[38] »Die Erfahrungen der ganzen Welt haben die Lebenstüchtigkeit und Leistungsfähigkeit der Marktwirtschaft bewiesen. Der Übergang dazu ergibt sich in unserer Gesellschaft aus den Interessen des Menschen, und das Ziel besteht darin, eine sozial orientierte Wirtschaft aufzubauen.«[39]

Die Geschichte des Realsozialismus bestätigt damit die im vorliegenden Text dargelegten Grundprinzipien kommunistischer Produktion und Verteilung in zweifacher Hinsicht. Ökonomisch dahingehend, dass eine rationelle Wirtschaft ohne ein Produktion und Distribution verbindendes allgemeines Maß unmöglich ist. Politisch in dem Sinne, dass ohne die Durchsetzung der individuellen Arbeitszeit als Maß für den Anteil am Produkt der gesellschaftlich notwendigen Arbeit die Gesellschaftsmitglieder nicht die Verfügung über das gesellschaftliche Arbeitsprodukt erlangen,

---

[38] M. Gorbatschow, Rede auf der Konferenz von Orjol in: PRAWDA vom 16.11.1988, in: Sozialismus, Nr. 12/1988, S. 15

[39] M. Gorbatschow, Hauptrichtungen zur Stabilisierung der Volkswirtschaft und des Übergangs zur Marktwirtschaft, in: Sowjetunion heute, Nr. 11/1990. S. VII-XII

sondern diese in die Hand einer Regierung legen. Das Wachsen des »Naturallohnes« (in bolschewistischer Fassung!) lief damit auf das Gleiche hinaus wie das »staatskapitalistische Monopol, das zum Nutzen des ganzen Volkes angewandt wurde: auf die Ausbeutung der Arbeiterklasse. (171f) In der Konzentration der Verfügungsgewalt über den Produktionsapparat, die gesellschaftliche Arbeit und das gesellschaftliche Gesamtprodukt, sehen wir die Form, worin die Diktatur des Proletariats in die Diktatur über das Proletariat übergeht. (172)

Lasst uns die Zukunft verändern

Muss planmäßige Produktion jenseits von freien Märkten notwendig zur Diktatur führen, die sich über die Produzenten erhebt? Wir sagen: »nein!« In einer Gesellschaft, in der das Verhältnis des Produzenten zum gesellschaftlichen Produkt unmittelbar festgelegt ist, besteht diese Gefahr nicht. (22) Bei diesem Gang von Produktion und Distribution wird von niemand zugewiesen, welcher Teil des gesellschaftlichen Produkts für jeden zur Verfügung steht. Es ist keine Verteilung durch Personen, sondern diese erfolgt im Wesentlichen im Rahmen der Arbeitszeitrechnung selber. Das Verhältnis der Produzenten zum gesellschaftlichen Produkt ist hierüber bestimmt und gerade dadurch hat keiner etwas zuzuweisen. Das ist dann auch die Erklärung des Geheimnisses, dass ein Staatsapparat in der Wirtschaft nichts zu suchen hat. Die ganze Produktion wie Distribution stehen auf reellem Boden, weil die Produzenten und Konsumenten gerade durch dieses Verhältnis den ganzen Prozess selbst leiten und verwalten können. (68) In jeder anderen Gesellschaft, wo dieses nicht gilt, muss schließlich der Produktionsapparat zum Unterdrückungsapparat auswachsen. (22)

Die Durchführung der sozialen Revolution ist somit im Wesen nichts anderes als die Durchführung der Arbeitszeit als Maßstab im gesamten Wirtschaftsleben. Sie dient als Maß in der Produktion und zugleich wird mit ihr der Anteil des einzelnen am gesellschaftlichen Produkt gemessen. Das Wesentliche hierbei aber ist, dass diese Kategorie von den Produzenten selbst durchgeführt wird. Und dies geschieht nicht, weil es eine »ethische« oder »moralische« Forderung des Kommunismus ist, sondern weil die »Vereinigung freier Menschen« ökonomisch nicht anders möglich ist. (176) Sie ist keine Frage der Gerechtigkeit, die sich staatlich organisieren ließe, sondern eine Frage der ökonomischen Grundlage, auf der die Produzenten selbständig ihre Kooperation aufbauen können. Der Prozess des Ineinandergreifens und Zusammenfügens wächst von unten auf, weil die Produzenten selbst die Leitung und Verwaltung in Händen haben. Jetzt ist Raum gemacht für die Initiative der Gesellschaftsmitglieder selbst, die das bewegliche Leben in seinen tausendfachen Formen gestalten können. (23)

Die erfolgreiche soziale Revolution erfordert daher die klare Einsicht darüber, was mit den Produktionsmitteln anzufangen ist. Es muss darum gehen, die Trennung des Produzenten zum gesellschaftlichen Produkt aufzuheben, und das ist nur bei allseitiger Durchführung der Arbeitszeitrechnung möglich. Die Durchsetzung der individuellen

Arbeitszeit als Maß für den Anteil am Produkt der gesellschaftlich notwendigen Arbeit ist die höchste Forderung, welche das Proletariat stellen kann, aber zugleich auch die niedrigste und zweifellos eine Machtfrage. (141f)

Epilog

Karl Marx, Friedrich Engels:
Das Manifest der Kommunistischen Partei[40]

Auf einer gewissen Stufe der Entwicklung der Produktions- und Verkehrsmittel entsprachen die feudalen Eigentumsverhältnisse den schon entwickelten Produktivkräften nicht mehr. Sie hemmten die Produktion, statt sie zu fördern. Sie verwandelten sich in ebenso viele Fesseln. Sie mussten gesprengt werden und sie wurden gesprengt. An ihre Stelle trat die freie Konkurrenz mit der ihr angemessenen gesellschaftlichen und politischen Konstitution, mit der ökonomischen und politischen Herrschaft der Bourgeoisie.

Unter unseren Augen geht eine ähnliche Bewegung vor. Die moderne bürgerliche Gesellschaft, die so gewaltige Produktions- und Verkehrsmittel hervorgezaubert hat, gleicht dem Hexenmeister, der die unterirdischen Gewalten nicht mehr zu beherrschen vermag, die er heraufbeschwor. Es genügt, die Handelskrisen zu nennen, welche in ihrer periodischen Wiederkehr immer drohender die Existenz der ganzen bürgerlichen Gesellschaft in Frage

[40] Freie Zusammenfassung nach MEW Band 4, S. 459ff

stellen. In den Handelskrisen wird ein großer Teil nicht nur der erzeugten Produkte, sondern der bereits geschaffenen Produktivkräfte regelmäßig vernichtet. In diesen Krisen bricht eine gesellschaftliche Epidemie aus, welche allen früheren Epochen als ein Widersinn erschienen wäre – die Epidemie der Überproduktion. Die Gesellschaft findet sich plötzlich in einen Zustand momentaner Barbarei zurückversetzt; eine Hungersnot, ein allgemeiner Vernichtungskrieg scheinen ihr alle Lebensmittel abgeschnitten zu haben; die Industrie, der Handel scheinen vernichtet, und warum? Weil sie zu viel Zivilisation, zu viel Lebensmittel, zu viel Industrie, zu viel Handel besitzt. Die Produktivkräfte, die ihr zur Verfügung stehen, dienen nicht mehr zur Beförderung der bürgerlichen Eigentumsverhältnisse; im Gegenteil, sie sind zu gewaltig für diese Verhältnisse geworden, sie bringen die ganze bürgerliche Gesellschaft in Unordnung, sie gefährden die Existenz des bürgerlichen Eigentums. Die bürgerlichen Verhältnisse sind zu eng geworden, um den von ihnen erzeugten Reichtum zu fassen. Und wodurch überwindet die Bourgeoisie die Krisen? Einerseits durch die erzwungene Vernichtung einer Masse von Produktivkräften; andererseits durch die Eroberung neuer Märkte und die gründlichere Ausbeutung alter Märkte. Wodurch also? Dadurch, dass sie allseitigere und gewaltigere Krisen vorbereitet und die Mittel, den Krisen vorzubeugen, vermindert.

Die Waffen, womit die Bourgeoisie den Feudalismus zu

Boden geschlagen hat, richten sich jetzt gegen die Bourgeoisie selbst. In demselben Maße, worin sich die Bourgeoisie, d.h. das Kapital entwickelt, in demselben Maße entwickelt sich die Klasse der modernen Arbeiter, die nur so lange leben, als sie Arbeit finden, und die nur so lange Arbeit finden, als ihre Arbeit das Kapital vermehrt. Diese Arbeiter, die sich stückweis verkaufen müssen, sind eine Ware wie jeder andere Handelsartikel und daher gleichmäßig allen Wechselfällen der Konkurrenz, allen Schwankungen des Marktes ausgesetzt. Die immer rascher sich entwickelnde, unaufhörliche Verbesserung der Maschinerie macht ihre ganze Lebensstellung immer unsicherer. Die wachsende Konkurrenz der Kapitalisten unter sich und die daraus hervorgehenden Handelskrisen machen den Lohn der Arbeiter immer schwankender. Die Lebenslagen innerhalb des Proletariats gleichen sich immer mehr aus, indem die Maschinerie mehr und mehr die Unterschiede der Arbeit verwischt und den Lohn fast überall auf ein gleich niedriges Niveau herab drückt. Durch den Fortschritt der Industrie werden zudem ganze Bestandteile der herrschenden Klasse ins Proletariat hinabgeworfen oder wenigstens in ihren Lebensbedingungen bedroht. Der moderne Arbeiter, statt sich mit dem Fortschritt der Industrie zu heben, sinkt immer tiefer unter die Bedingungen seiner eigenen Klasse herab. Der Arbeiter wird zum Pauper, und der Pauperismus entwickelt sich noch schneller als Bevölkerung und Reichtum. Es tritt hiermit offen hervor, dass die Bourgeoisie unfähig ist, noch länger die herrschende Klasse der

Gesellschaft zu bleiben und die Lebensbedingungen ihrer Klasse, der Gesellschaft als regelndes Gesetz aufzuzwingen. Sie ist unfähig zu herrschen, weil sie unfähig ist, ihrem Sklaven die Existenz selbst innerhalb seiner Sklaverei zu sichern, weil sie gezwungen ist, ihn in eine Lage herabsinken zu lassen, wo sie ihn ernähren muss, statt von ihm ernährt zu werden.

Man hat uns Kommunisten vorgeworfen, wir wollten das persönlich erworbene, selbsterarbeitete Eigentum abschaffen; das Eigentum, welches die Grundlage aller persönlichen Freiheit, Tätigkeit und Selbständigkeit bilde. Ihr entsetzt euch darüber, dass wir das Privateigentum aufheben wollen. Aber in eurer bestehenden Gesellschaft ist das Privateigentum für neun Zehntel ihrer Mitglieder aufgehoben; es existiert gerade dadurch, dass es für neun Zehntel nicht existiert. Ihr werft uns also vor, dass wir ein Eigentum aufheben wollen, welches die Eigentumslosigkeit der ungeheuren Mehrzahl der Gesellschaft als notwendige Bedingung voraussetzt. Ihr werft uns mit einem Worte vor, dass wir euer Eigentum aufheben wollen. Allerdings, das wollen wir. Der Kommunismus nimmt keinem die Macht, sich gesellschaftliche Produkte anzueignen, er nimmt nur die Macht, sich durch diese Aneignung fremde Arbeit zu unterjochen. An die Stelle der alten bürgerlichen Gesellschaft mit ihren Klassen und Klassengegensätzen tritt eine Assoziation, worin die freie Entwicklung eines jeden die Bedingung für die freie Entwicklung aller ist.

Max Horkheimer: Wer aber vom Kapitalismus nicht reden will, sollte auch vom Faschismus schweigen.[41]

Jetzt, wo Harmonie und Entwicklungsmöglichkeit der kapitalistischen Gesellschaft sich als Illusion entlarven, wo die kapitalistische Krise trotz und wegen des technischen Fortschritts permanent geworden ist und die Nachfahren der freien Unternehmer ihre Stellung nur durch Abschaffung der bürgerlichen Freiheit behaupten können, nachdem also alles wie vorausgesagt eingetreten ist, preisen die literarischen Gegner der totalitären Gesellschaft den Zustand, dem die totalitäre Gesellschaft ihr Dasein verdankt, und verleugnen die Theorie, die sein Geheimnis aussprach, als es noch Zeit war.

Dieselben ökonomischen Tendenzen, die durch den Konkurrenzmechanismus zur immer höheren Produktivität der Arbeit treiben, schlagen in Kräfte sozialer Desorganisation um. Der Stolz des Liberalismus, die technisch äußerst entfaltete Industrie, macht sein Prinzip zuschanden, indem der Verkauf der Arbeitskraft für große Teile der Bevölkerung unmöglich wird. Die ökonomischen Programme der guten Europäer unter den Staatsmännern sind illusionär. In der Endphase des Liberalismus wollen sie die Unfähigkeit der zerfallenden Marktwirtschaft, die Men-

[41] Freie Zusammenfassung nach Max Horkheimer, Die Juden und Europa, in: Zeitschrift für Sozialforschung Bd 8, DTV 1980, S. 115ff

schen zu ernähren, durch staatliche Aufträge kompensieren und im Einverständnis mit den Unternehmern die Wirtschaft ankurbeln, so dass sie allen einen Unterhalt gewährt. Sie vergessen, dass der Widerwille gegen neue Investitionen keine Schrulle ist. Die Industriellen haben keine Lust, ihre Werke auf dem Umweg über Steuern in Gang zu setzen, bloß um Arbeitslose aus der Verlegenheit zu ziehen. Der Hunger allein bietet keinen Anlass zur Herstellung von Konsumgütern. Für das ohnehin zahlungsunfähige Bedürfnis, für die arbeitslosen Massen produzieren, liefe dem Gesetz der kapitalistischen Ökonomie zuwider, das die Ordnung zusammenhält.

Die Staatsmänner, die den Liberalismus zu guter Letzt noch humanitär lenken wollen, verkennen seine Eigenart. Eine Regierung die mit den Steuern der Unternehmer aus den Objekten der Wohlfahrtspflege, Subjekte freier Arbeitsverträge machen will, muss schließlich unterliegen. Solche Umkehrung der Verhältnisse lassen die Unternehmer auf die Dauer in keinem Land zu. In den Parlamenten und dem ganzen öffentlichen Leben sabotieren sie die spätliberalistische Wohlfahrtspolitik. Selbst wenn sie der Konjunktur zugutekäme, blieben sie unversöhnt: Konjunkturen sind ihnen nicht mehr genug.

Die Produktionsverhältnisse setzen sich gegen die humanitären Regierungen durch. Die Pioniere aus den Unternehmerverbänden schaffen einen neuen Apparat. Ihre Sachwalter nehmen die Ordnung der Gesellschaft in die

Hand. Anstelle des zersplitterten Kommandos in den einzelnen Fabriken entsteht die totalitäre Herrschaft des Partikularinteresses über das ganze Volk. An die Stelle des Tausches mit der Arbeit tritt das Diktat über sie. Waren die Massen in den letzten Jahrzehnten aus Vertragspartnern Objekte der Fürsorge geworden, so werden sie jetzt unmittelbar Objekte der Herrschaft. Im Spätkapitalismus verwandeln sich die Völker zuerst in Unterstützungsempfänger und dann in Gefolgschaften. Die Gewissheit, dass es weiter Arbeit gibt, wirkt schließlich als die bessere Demokratie.

Auch die herrschende Klasse wird sich wandeln. Ihre Mitglieder werden nicht identisch sein mit den Inhabern des kapitalistischen Eigentums. Mit dem Fortschritt des Betriebs von einer unter vielen konkurrierenden Wirtschaftseinheiten zur uneinnehmbaren sozialen Machtstellung des modernen Konzerns gewinnt die Betriebsführung absolute Gewalt. An die Stelle der juristischen Eigentümer tritt die hohe industrielle Bürokratie. Es zeigt sich, dass die reale Verfügung, der physische Besitz und nicht das nominelle Eigentum sozial entscheidend ist. Ob es der Staat der herrschenden Klasse unter dem Titel von regulierten Privatgewinnen oder direkt als Beamtengehälter zukommen lässt, ergibt noch keinen wesentlichen Gegensatz.

Das Profitstreben endet somit in dem, was es stets schon war: im Streben nach gesellschaftlicher Macht. Das wahre Selbst des juristischen Eigentümers der Produktionsmittel tritt ihm als faschistischer Kommandant von Arbeiterbataillonen gegenüber. Die soziale Herrschaft, die mit ökonomischen Mitteln nicht zu halten war, weil das private Eigentum sich überlebt hat, wird mit direkt politischen Mitteln fortgesetzt. Der Faschismus fixiert die sozialen Resultate des kapitalistischen Zusammenbruchs. Er rettet die Verfügung über die Produktionsmittel für die Minderheit, die als entschlossenste aus dem Konkurrenzkampf hervorgehen wird. Er wird zur zeitgemäßen Form.

Nach dem zweihundertjährigen Zwischenspiel des Liberalismus kommt die Oberschicht in den faschistischen Ländern so auf ihre Grundeinsichten zurück. Die Existenz der Individuen wird im 21. Jahrhundert wieder bis in alle Einzelheiten kontrolliert. Die faschistische Verstaatlichung, die Aufstellung eines terroristischen Parteiapparats neben der Administration, ist das Gegenteil von Vergesellschaftung. Nach wie vor funktioniert das Ganze für die Interessen einer festen Gruppe. Die Eigentümer werden Bürokraten und die Bürokraten Eigentümer. In den faschistischen Verbänden herrschen Gleichheit und Brüderlichkeit nur an der Oberfläche. Unter der Oberfläche des Führerstaates spielt sich ein wütender Kampf der Interessenten um die Beute ab. Der Kampf um den Aufstieg in der barbarischen Hierarchie macht aus den Genossen mutmaßliche Gegner.

Der Liberalismus ist nicht wieder einzurichten. Er hinterlässt ein demoralisiertes, von den Führern verratenes Proletariat, in dem die Arbeitslosen eine Art amorpher Klasse bilden, die geradezu nach Organisierung von oben schreit und es hinterlässt die Generäle der Industrie, des Heeres und der Verwaltung, die sich verständigen und die Neuordnung in die Hand nehmen. Die totalitäre Gesellschaft hat ökonomische Chancen auf lange Frist. Für den Faschismus als Weltsystem wäre ökonomisch kein Ende abzusehen. Die Ausbeutung reproduziert sich nicht mehr planlos über den Markt, sondern in der bewussten Ausübung der Herrschaft. Die Ökonomie hat keine selbständige Dynamik mehr. Sie verliert ihre Macht an die ökonomisch Mächtigen. Der Faschismus kann weiterleben, solange die Völker nicht begreifen, dass die Kenntnisse und Maschinen, die sie besitzen, nicht der Verewigung der Macht und des Unrechts, sondern ihrem eigenen Glück zu dienen haben. Der Faschismus ist nicht rückständig im Vergleich zum bankrotten Laissez-faire-Prinzip, sondern zu dem, was für die Menschen erreichbar wäre.

Wer aber vom Kapitalismus nicht reden will, sollte auch vom Faschismus schweigen. Heute gegen den Faschismus auf die liberalistische Denkart des 19. Jahrhunderts sich berufen, heißt an die Instanz appellieren, die ihm zum Sieg verhilft. Die Parole »freie Bahn dem Tüchtigen« kann der Sieger für sich in Anspruch nehmen.

MAKE CAPITALISM HISTORY!

Anhang: Der Ursprung der »Grundprinzipien«

Die »Grundprinzipien kommunistischer Produktion und Verteilung« der Gruppe Internationaler Kommunisten (GIK) sind ein Klassiker der marxistischen Literatur. Die GIK beschreibt die Relevanz der »Grundprinzipien« wie folgt:

»Ist in einem industriellen Lande die Herrschaft der Arbeiterklasse zur Tatsache geworden, dann steht das Proletariat vor der Aufgabe, die Umstellung der Wirtschaft nach neuen, gemeinschaftlichen (kommunistischen) Grundsätzen vorzunehmen. Die Aufhebung des Privateigentums ist leicht ausgesprochen, sie wird die erste Maßnahme der politischen Gewalt der Arbeiterklasse sein. Aber das ist nur ein juristischer Akt, der die rechtliche Grundlage für den wirklichen ökonomischen Vorgang schaffen soll. Die wirkliche Umgestaltung und die tatsächliche revolutionäre Arbeit beginnt dann erst.«[42]

---

[42] Max Hempel (Pseudonym von Jan Appel), Marx-Engels und Lenin; Über die Rolle des Staates in der proletarischen Revolution, in Proletarier (Berlin), no. 4-6, Mai 1927

Das erste Manuskript der »Grundprinzipien« entstand während einer zweijährigen Gefängnisstrafe, zu der der revolutionäre Arbeiter Jan Appel 1923 verurteilt worden war. Appel war einer der Hauptpropagandisten der Allgemeinen Arbeiter Union Deutschlands (AAUD) und Gründungsmitglied der KAPD, als dessen Delegierter am 2. Kongress der III. Kommunistischen Internationale 1920 in Moskau teilnahm. Um von Hamburg über Murmansk zum Kongress zu gelangen entführte Appel zusammen mit einigen Genossen das Fischerboot Senator Schröder. In Moskau angekommen wurde Appel ein kurzes Treffen mit Lenin gewährt, um die Position der KAPD zu präsentieren. Lenin lehnte die Position der KAPD ab. Laut Appel tat er das, indem er Ausschnitte aus dem noch unveröffentlichten Manuskript »Der „Linke Radikalismus“, die Kinderkrankheit im Kommunismus« vorlas.[43]

[43] Jan Appels autobiografische Aufzeichnungen in: IISG, Collectie Nederland, kleine archieven en losse stukken – APPEL, JAN: 90 Typoscript van autobiografische schets van Jan Appel, die in 1926 vanuit Duitsland naar Nederland kwam. Z.j. 1 stuk. Es handelt sich um 10 Schreibmaschinenseiten ohne Überschrift in deutscher Sprache.

Drei Jahre später wurde Appel in Deutschland wegen Aufruhr verhaftet und im Zusammenhang mit der Schiffsentführung zu Gefängnis verurteilt. Es kam die Zeit des Nachdenkens über den innerer Streit in der kommunistischen Bewegung. In seinen autobiographischen Notizen schrieb Appel hierzu: »Die Erkenntnis, dass die russische Revolution zum Staatskommunismus oder besser zum Staatskapitalismus führt, war damals noch neu. … Und neu war auch, den Blick zu richten auf den Kern der Befreiung der Arbeiter aus der Lohnknechtschaft, auf die Übernahme der Betriebe durch die Betriebsorganisationen, um dann von hier aus die gesellschaftlich durchschnittliche Arbeitszeit als Maßstab für die Berechnung und Distribution aller geschaffenen Güter einzuführen. Nur so kann dem Geld und allen Werten die Möglichkeit, genommen werden, als Kapital die Menschen in seinen Dienst zu nehmen und sie auszubeuten.«[44]

Ende 1925 kam Jan Appel im Zuge einer Generalamnestie frei und emigrierte um die Jahreswende in die Niederlande, da für ihn die Situation in Deutschland politisch zu gefährlich war. Er nahm auf einer Werft in Zaandam eine Arbeit an und kontaktierte Henk Canne Meijer, den er nicht persönlich kannte, dessen Adresse ihm aber von Genossen gegeben wurde. Canne Meijer gehörte wie Appel zu denen,

---

Zitiert nach: https://muckracker.wordpress.com/geschichte/jan-appel/

[44] ebenda

die zunächst die russische Revolution bejubelten. Im Zuge der weiteren Entwicklung schloss er sich aber schnell der in Deutschland u.a. von Otto Rühle sowie in Holland von Anton Pannekoek und Herman Gorter vertretenen Kritik am Parteikommunismus der Bolschewiki an, um demgegenüber den selbständigen Kampf der Arbeiter mittels Arbeiterräte zu propagieren. Wahrscheinlich formierte sich die Gruppe Internationaler Kommunisten über die Diskussionen um die von Appel vorgestellten Notizen zu den Grundprinzipien. Appel fand in Canne Meijer einen Unterstützer, der letztlich an der weiteren Ausformulierung des Textes großen Anteil hatte.

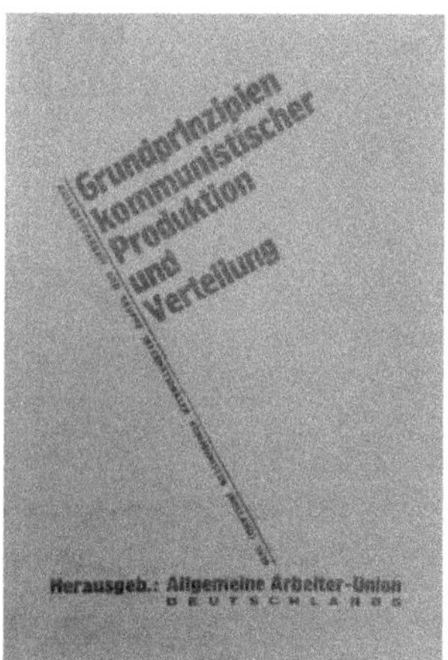

Die Erstausgabe der »Grundprinzipien« wurde 1930 in deutscher Sprache herausgegeben im Verlag der revolutionären Betriebsorganisationen, organisiert in der Allgemeinen Arbeiter Union Deutschlands. Sie wurde beschlagnahmt und vernichtet. Eine kurze Zusammenfassung des Buches erschien in deutscher Sprache in Kampfsignal und in englischer Sprache in Council Correspondence. »Aufgrund finanzieller Schwierigkeiten«, schreibt die GIK im Vorwort zur 2. Holländischen Auflage, »war es uns nicht möglich, eine niederländische Ausgabe in gewöhnlicher Buchform herauszugeben. Daher haben wir auf eine weniger verbreitete Veröffentlichungsmethode zurückgegriffen, nämlich die teilweise Veröffentlichung als Anhang zum »Persmateriaal van de Internationale Communisten« (P.I.C.). Wir haben aus der Not eine Tugend gemacht, indem wir das gesamte Manuskript durchgesehen haben, so dass diese Ausgabe nicht mit der deutschen identisch ist. Inhaltlich wurden keine wesentlichen Änderungen vorgenommen, aber die Gliederung und verschiedene Formulierungen wurden geändert und, wie wir glauben, verbessert.«[45]

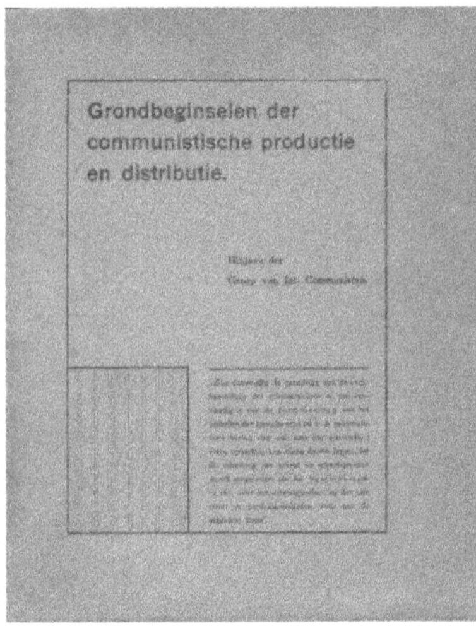

Während der Text der deutschen Erstausgabe 1970 nachgedruckt und auch in die englische und französische Sprache übersetzt wurde, verblieb die vollständig überarbeitete und verbesserte 2. Auflage die folgenden 85 Jahre weitgehend unbeachtet in niederländischer Sprache verborgen. Mit der seit Anfang 2020 vorliegenden Übersetzung der

[45] Gruppe Internationaler Kommunisten, Grundprinzipien kommunistischer Produktion und Verteilung, Red & Black Books 2020, S. 13

zweiten Auflage in die deutsche und englische Sprache ist dieser Klassiker der marxistischen Literatur erstmalig für einen größeren Leserkreis verfügbar.

Literaturverzeichnis

W. Paul Cockshott, Allin Contrell

Alternativen aus dem Rechner. Für sozialistische Planung und direkte Demokratie, PapyRosa Verlag 2006

Renate Dillmann

China. Ein Lehrstück über einen sozialistischen Gegenentwurf und seine Fehler, VSA Verlag 2009

Daniel Dockerill

Wertkritische Missverständnisse der Marxschen Proudhonkritik, http://www.trend.infopartisan.net/trd0105/t030105.html

Friedrich Engels

Lage der arbeitenden Klasse in England, MEW 2

Der Ursprung der Familie, des Privateigentums und des Staates, MEW 21

Die Entwicklung des Sozialismus von der Utopie zur Wissenschaft, MEW 19

Anti-Dühring, Dritter Abschnitt: Sozialismus, MEW 20

Max Horkheimer

Die Juden und Europa, in: Zeitschrift für Sozialforschung Band 8, DTV 1980, S. 115ff

Gruppe Internationaler Kommunisten (Holland)

Grundprinzipien kommunistischer Produktion und Verteilung, 1. Auflage, Neuer Arbeiter Verlag 1930, (Rüdiger Blankertz Verlag 1970)

Grundprinzipien kommunistischer Produktion und Verteilung, 2. Auflage 1935, Red & Black Books 2020

Ansgar Knolle-Grothusen

Warenproduktion – Wertgesetz – Sozialismus, http://www.mxks.de/files/other/Ansgar.WarenproduktionWertgesetzSozialismus.html

Peter Hudis

Marx`s Concept of the Alternative to Capitalism, Historical Materialism Book Series Volume 36, Boston 2012

Reinhard Lauterbach

Das lange Sterben der Sowjetunion, Edition Berolina 2016

W. I. Lenin

XI. Parteitag der KPR(B) 27. März 1922, Werke Bd.33

Die nächsten Aufgaben der Sowjetmacht, 28.4.1918, Werke 27, Dietz Verlag 1. Aufl. 1960

Werden die Bolschewiki die Staatsmacht behaupten? Oktober 1917, Werke 26, 1. Aulf. 1961

Hermann Lueer

Kapitalismuskritik und die Frage nach der Alternative, 3. Auflage 2020

Warum hungern Menschen in einer reichen Welt? Argumente gegen die Marktwirtschaft, Red & Black Books 2020

Das Gespenst der Deflation geht um, Argumente gegen den Kapitalismus, Red & Black Books 2020

Karl Marx

Das Kapital Bd. 1, MEW 23

Kritik des Gothaer Programms, MEW 19

Das Manifest der Kommunistischen Partei, MEW 4, S. 459

Ludwig von Mises

Die Gemeinwirtschaft. Untersuchungen über den Sozialismus, Jena Verlag von Gustav Fischer 1922

Arthur Müller Lehning

Anarchismus und Marxismus in der russischen Revolution, Kramer Verlag 1971

Friedrich Pollock

Die planwirtschaftlichen Versuche in der Sowjetunion 1917 – 1927, Verlag Neue Kritik Frankfurt 1971

Johannes Schillo (Hrsg.)

Zurück zum Original. Die Aktualität der Marxschen Theorie, VSA Verlag 2015

Christian Siefkes

Beitragen statt tauschen, AK Spak Bücher 2007

Gruppe Internationaler Kommunisten
GRUNDPRINZIPIEN KOMMUNISTISCHER PRODUKTION UND VERTEILUNG
»So einfach die Grundlage für die Beherrschung der Arbeiterklasse ist, so einfach ist auch die *Formulierung* für die Aufhebung der Lohnsklaverei (auch wenn die praktische Umsetzung nicht so einfach ist!). Diese Aufhebung kann nur darin bestehen, dass die Trennung von Arbeit und Arbeitsprodukt aufgehoben wird, dass das *Verfügungsrecht* über das Arbeitsprodukt und daher auch über die Produktionsmittel wieder den Arbeitern zukommt.«
RED & BLACK BOOKS

Die »*Grundprinzipien kommunistischer Produktion und Verteilung*« entstanden als Reaktion auf die negative Entwicklung der russischen Revolution. Mit dieser Schrift stellten die Autoren erstmalig die ökonomischen Grundlagen für den Aufbau und die Organisation einer Gesellschaft im Sinne der »Vereinigung freier und gleicher Menschen« zur Debatte. Dabei berücksichtigten sie zugleich alle gesammelten Erfahrungen der bisherigen Versuche der Arbeiterbewegung, um über die Kritik derselben notwendige neue Wege aufzeigen zu können. Eine Kritik, die bis zum heutigen Tag nichts von ihrer ursprünglichen Aktualität verloren hat.

Die 1930 auf Deutsch erschienene Erstauflage der *Grundprinzipien* wurde beschlagnahmt und weitgehend vernichtet. Eine vollständig überarbeitete und verbesserte Ausgabe in niederländischer Sprache erschien 1931 zunächst auszugsweise und 1935 in zweiter Auflage in Buchform. Der Text der deutschen Erstausgabe wurde 1970 nachgedruckt und auch in die englische und französische Sprache übersetzt. Die vollständig überarbeitete und verbesserte zweite Auflage verblieb die folgenden 85 Jahre dagegen weitgehend unbeachtet in niederländischer Sprache verborgen. Mit der hier vorliegenden Übersetzung der zweiten Auflage in die deutsche Sprache wird dieser Dornröschenschlaf beendet.

GRUPPE
INTERNATIONALER
KOMMUNISTEN
JEDER NACH
SEINEN
FÄHIGKEITEN,
JEDEM NACH
SEINEN
BEDÜRFNISSEN!
HERMANN LUEER (HRSG.)
RED & BLACK BOOKS

GRUPPE
INTERNATIONALER
KOMMUNISTEN
VERSETZT DIE GANZE
STAATSMASCHINERIE
INS MUSEUM DER
ALTERTÜMER, NEBEN
DAS SPINNRAD UND
DIE BRONZENE AXT!
HERMANN LUEER (HRSG.)
RED & BLACK BOOKS

Die meisten Marxisten mögen Marx nicht. Zumindest mögen sie die ökonomischen Prinzipien der kommunistischen Gesellschaft nicht, die Marx aus seiner Kritik am Kapitalismus abgeleitet hat. Aber die meisten Marxisten kritisieren Marx auch in dieser Hinsicht nicht, sie ziehen es vor, ihn zu interpretieren.

Die *»Grundprinzipien kommunistischer Produktion und Verteilung«*, die 1930 erschienene, inzwischen legendäre Schrift der *Gruppe Internationaler Kommunisten*, war sowohl eine detaillierte Darstellung der kommunistischen Produktionsweise, die Marx und Engels nur skizziert hatten, als auch eine fundamentale Kritik gegenüber den verschiedenen Theorien und Praktiken, die sich auf den Marxismus, den Anarchismus oder ganz allgemein den Sozialismus berufen.

Die nebenstehenden Bücher enthalten eine Auswahl von Artikeln, die von den Mitgliedern der Gruppe Internationaler Kommunisten zwischen 1925 und 1940 in verschiedenen Zeitschriften veröffentlicht wurden und deren Kritik bis heute nichts von ihrer ursprünglichen Aktualität verloren hat.

Anton Pannekoek
Die Grundlagen der sozialen Revolution
Band 1
Die Arbeiterräte
RED & BLACK BOOKS

Die Gesellschaft muss nicht von oben reformiert, sondern von unten neu organisiert werden.

Schon vor dem Ersten Weltkrieg analysierte Pannekoek, wie Kapital und Staat die arbeitenden Menschen in Abhängigkeit halten und über ihre Köpfe hinweg wirtschaftliche und politische Entscheidungen treffen. Pannekoek propagierte demgegenüber die Selbstverwaltung: Arbeiterräte, in denen diejenigen, die die Arbeit machen, auch über Produktion und Verteilung entscheiden.

Warum lohnt es sich, diese alten Texte zu lesen, die keinen direkten Bezug zur Gegenwart haben? Weil sich nur die Erscheinungsformen geändert haben, nicht aber die Ursachen. Pannekoeks Texte bleiben aktuell, weil sie die grundlegenden Gegensätze der kapitalistischen Produktionsverhältnisse analysieren. Seine Überlegungen zu Arbeit, Recht und Eigentum, zur Gewerkschaftsbewegung, zur direkten Aktion und zu Betriebsbesetzungen, zu politischen Streiks, und zum Aufbau selbstbestimmter Produktionsverhältnisse sind heute so aktuell wie eh und je. Wer eine grundlegende Analyse und konkrete Perspektiven für eine andere Gesellschaft sucht, findet in *»Die Arbeiterräte«* eine überraschend frische, inspirierende und notwendige Lektüre.

www.ingramcontent.com/pod-product-compliance
Ingram Content Group UK Ltd.
Pitfield, Milton Keynes, MK11 3LW, UK
UKHW021230031026
15588UKWH00001B/8

9 783982 206530